高僧傳

地藏之孤臣

編撰——釋空行

蕅益智旭

【編撰者簡介】

釋空行

佛光大學宗教所碩士畢。

深感佛法是闡明宇宙人生的真諦，眾生藉由聞思修契入真理，依高僧為典範，把佛理融入生命，洗滌內心的垢染，邁向覺悟的大道。

曾任職臺北市國稅局和臺大醫學院；擔任過勝樂金剛中心講師、紐西蘭金剛總持佛學會講師、紐西蘭 Unitec College 宗教師、臺北市護持大乘法脈僧團當家師、經續法林會長、釋迦牟尼佛中心會長、桃園少輔院及桃園女子戒治所監獄佈教師。

現任：臺灣佛教僧伽終身教育學會理事；圓通佛學院講師；萬芳醫院、雙和醫院、亞東醫院臨床宗教師；臺北女子看守所監獄佈教師。

【「高僧傳」系列編輯序】

令眾生生歡喜者，則令一切如來歡喜

「為佛教，為眾生」六個字，乃是印順法師於臺北市龍江街慧日講堂（後因大門遷移，地址遷至朱崙街）為證嚴法師授予三皈依、並賜法名時的殷殷叮囑：「既然出家了，你要時時刻刻為佛教、為眾生。」

依證嚴法師解釋：「為佛教」是內修清淨行，「為眾生」則要挑起如來家業，走入人群救度眾生。因此法師稟承師訓，一心一志「為佛教還原教義，為眾生點亮心燈」，而開展慈濟眾生的志業。

歷代高僧之「為佛教、為眾生」

證嚴法師開創「靜思法脈，慈濟宗門」，並將其與「為佛教，為眾生」合釋：「靜思法脈」乃「為佛教」，是智慧；「慈濟宗門」即「為眾生」，是大愛。

進而言之，「靜思法脈，慈濟宗門」即菩薩道所強調的「悲智雙運」：「靜思法脈」是「智」，「慈濟宗門」是「悲」；傳承法脈、弘揚宗門就要「悲智雙運」，積極在人間發揮慈、悲、喜、捨四無量心。此亦即慈濟人開展四大志業、八大法印時的根本心要。

由其強調「悲智雙運」可知，「靜思法脈，慈濟宗門」並非標新立異，而是傳承佛陀教法以及漢傳佛教歷代高僧的教誨——包括身教與言教，並要求身心皆徹底踐履。為了讓世人明瞭慈濟宗門之初心與悲願，也讓這些歷代高僧的事蹟與精神更廣為人知，大愛電視臺秉持證嚴法師的信念，於二〇〇三年起陸續製作《鑑真大和尚》與《印順導師傳》動畫電影，將佛教史上高僧大德的動人故事，經由動畫電影的形式，傳遞到全世界。

因為電影的成功，大愛電視臺進一步籌畫更詳盡的電視版〈高僧傳〉——採取臺灣民眾雅俗共賞的歌仔戲形式。〈高僧傳〉的每一部劇本都是經過數個月的資料研讀與整理，縝密思考後才下筆，句句考證、字字斟酌。製作團隊感受到每一位大師皆以身作則、行菩薩道的特質，希望將每位高僧的大願與大行傳遍世界。

然而，不論是動畫或戲劇，恐難完整呈現《高僧傳》中所載之生命歷程，以及諸位高僧與祖師之思想以及對後世之貢獻。因此，慈濟人文志業中心便就〈高僧傳〉歌仔戲所演繹過的高僧，以《高僧傳》及《續高僧傳》之原著為基礎，含括了日、韓等國之佛教史上的知名高僧，編撰「高僧傳」系列叢書。我們不採取坊間已有之小說體形式，而是嚴謹地參照人物評傳的現代寫法，參酌相關之史著及評論，對其事蹟有所探討與省思，並將其社會背景、思想及影響皆納入，雜揉編撰，內容包括高僧的生平、傳承及主要思想或重要經典簡介。從中，我們不僅可以讀到歷代高僧的智慧與悲心，亦可一覽相關的佛教史地、典籍與思想。

在編輯過程中，我們可以看到歷代高僧之「為佛教，為眾生」：鳩摩羅什飽受戰亂、顛沛流離，仍戮力譯經，得令後人傳誦不絕，乃是為利益眾生；玄奘歷萬里之險取得梵本佛經、致力翻譯，其苦心孤詣，是為利益眾生；鑑真六次渡海欲至東瀛傳戒，眼盲亦不悔，是為利益眾生；六祖惠能隱居十五載以避害身之禍，只為弘揚如來心法，並言「佛法在世間，不離世間覺；離世求菩提，猶如覓兔角」，亦是為利益眾生……

這些高僧祖師大可獨善其身、如法修行以得解脫，為何要為法忘身、受諸逆境而不退？究其根本，他們不只是為了參究佛法，而是深知弘揚大乘佛法的目的乃在於大慈大悲地度化眾生、讓眾生能得安樂；若不能讓眾生同霑法益，求法何用？如《大智度論．卷二七》所云：

一切諸佛法中，慈悲為大；若無大慈大悲，便早入涅槃。

由此可知，就大乘精神而言，「為佛教」即應「為眾生」，實為一體之兩面。

「大悲」為「諸佛之祖母」

除了歷代高僧之示現，「為眾生」之菩薩道的實踐，於經教中更是多不勝數、歷歷可證。例如，《無量義經．德行品第一》便說明了菩薩作為眾生之大導師、大船師、大醫王之無量大悲：

無量大悲救苦眾生，是諸眾生真善知識，是諸眾生大良福田，是諸眾生不請之師，是諸眾生安隱樂處、救處、護處、大依止處。處處為眾作大導師，能為生盲而作眼目，聾劓啞者作耳鼻舌；諸根毀缺能令具足，顛狂荒亂作大正念。船師、大船師運載群生渡生死河，置涅槃岸；醫王、大醫王，分別病相曉了藥性，隨病授藥令眾樂服；調御、大調御，無諸放逸行，猶如象馬師，能調無不調；師子勇猛，威伏眾獸，難可沮壞。

如來於《法華經．觀世音菩薩普門品》中宣說，觀世音菩薩更以三十三種應化身度化眾生：

佛告無盡意菩薩：善男子，若有國土眾生，應以佛身得度者，觀世音菩薩即現佛身而為說法；應以辟支佛身得度者，即現辟支佛身而為說法；應以聲聞身得度者，即現聲聞身而為說法；應以梵王身得度者，即現梵王身而為說法；應以帝釋身得度者，即現帝釋身而為說法……應以天龍、夜叉、乾闥婆、阿修羅、迦樓羅、緊那羅、摩侯羅伽、人非人等身得度者，即皆現之而為說法；應以執金剛神得度者，即現執金剛神而為說法。無盡意，是觀世音菩薩成就如是功德，以種種形遊諸國土，度脫眾生，是故汝等應當一心供養觀世音菩薩。是觀世音菩薩摩訶薩，於怖畏急難之中能施無畏，是故此娑婆世界皆號之為施無畏者。

為何觀世音菩薩要聞聲救苦？因為菩薩總是「人傷我痛、人苦我悲」，恆以「利他」為念。如《大丈夫論》所云：

菩薩見他苦時，即是菩薩極苦；見他樂時，即是菩薩大樂。以是故，菩薩恆為利他。

正是因為這般順隨眾生、「以種種形」而令其無畏的無量悲心，讓觀世音菩薩受到漢傳佛教乃至於華人民間信仰的共同崇敬。慈濟人之所以超越貧富、超越國界、超越宗教地去關懷與膚慰需要幫助的生命，便是效法觀世音菩薩無量悲心、無量應化的精神。

在《法華經．普賢菩薩勸發品》中發願、將於佛滅後守護及教導受持《法華經》之眾生的普賢菩薩，於《華嚴經．普賢行願品》中則教導善財童子如何供養諸佛，亦揭示了如來、菩薩、眾生的關係：

於諸病苦，為作良醫；於失道者，示其正路；於闇夜中，為作光明；於貧窮者，令得伏藏。菩薩如是平等饒益一切眾生。何以故？菩薩若能隨順眾生，則為隨順供養諸佛；若於眾生，尊重承事，則為尊重承事如來；若令眾生生歡喜者，則令一切如來歡喜。何以故？諸佛如來，以大悲心而為體故。因於眾生，而起大悲；因於大悲，生菩提心；因菩提心，成等正覺。……若諸菩薩，以大悲水饒益眾生，則能成就阿耨多羅三藐三菩提故。是故菩提，屬於眾生；若無眾生，一切菩薩終不能成無上正覺。善男子，汝於此義，應如是解。以於眾生心平等故，則能成就圓滿大悲；以大悲心隨眾生故，則能成就供養如來。

《大智度論．卷二〇》亦云，佛陀強調，大悲心乃是諸佛菩薩之根本，具大悲心方能得般若智慧，亦方能成佛：

大悲，是一切諸佛、菩薩功德之根本，是般若波羅蜜之母，諸佛之祖母。菩薩以大悲心，故得般若波羅蜜；得般若波羅蜜，故得作佛。

「菩薩若能隨順眾生，則為隨順供養諸佛；若於眾生，尊重承事，則為尊重承事如來；若令眾生生歡喜者，則令一切如來歡喜。」閱及此段，不禁令人深深體會證嚴法師之智慧與悲心：慈濟宗門四大、八印之聞聲救苦、無量應化地「為眾生」，也是同時「為佛教」地供養諸佛、令一切如來歡喜啊！

歷代高僧雖未如慈濟宗門般推動慈善、醫療、乃至於環保、國際賑災等志業，乃因其時空因素，欲度化眾生先以弘揚大乘經教與法義為重；現今經教已備，所須的乃是效法菩薩道之力行實踐！慈濟宗門便是上承歷代高僧與經論之教法，推動四大、八印，行菩薩道饒益眾生，以此供養如來。

換言之，歷代高僧之風範、智慧及悲願，為佛教，也為眾生，此即諸佛菩薩之本懷，亦為慈濟宗門之本懷！這便是《高僧傳》系列叢書所欲彰顯者。

遙企歷代高僧儼然身影，我們可以肯定：為眾生，便是為佛教；為佛教，一定要為眾生！

【推薦序】

「近古高僧中知見最正者」

——陳旺城（佛光大學宗教學研究所所長）

蕅益大師是明代四大師中的最後一位，一生多病而孤，在教理上兼通天台宗、禪宗、華嚴宗、法相宗；行持上特別注重地藏與淨土法門。此外，在晚明的戒律復興上也佔有非常重要的地位。

目前華人世界中，由於教育的普遍提升以及網路的興起，佛法不論作為一種研究或信仰，從南傳到禪淨密宗，乃至於由佛教所發展出的新興宗教，可以說是千年以來從未有的興盛，也有了各種嶄新的樣貌。

然而，為什麼要讀蕅益大師的傳記？

這可以先從蕅益大師的自傳《八不道人傳》談起，「八不道人」是蕅益大師的自號，在自傳的開頭寫道：

八不道人，震旦之逸民也。古者有儒、有禪、有律、有教，道人既蹴然不敢。今亦有儒、有禪、有律、有教，道人又艴然不屑。故名八不也。

意思是對古代的儒、禪、律、教諸前人之行誼，自嘆不如而無法將自己歸為這一類的古德賢者；但是對當時明代的儒、禪、律、教又感到不屑而無法認同。因此，自稱為「八不道人」。

我們由此可以看到，大師既是佛門中的一個「憤青」，也是一個自我要求極嚴的完美主義者。面對著現實與理想的差異，大師的前半生，致力於破除當時最盛行的狐禪、狂禪流弊、端正唐代以來的正統禪宗法眼，所謂「末世禪和，不為生死大事，裝模作樣，詐現威儀，不真實學禪、教、律，徒記兩則公案，辨幾句明相，受三衣衣鉢，以為佛法盡此矣。」都是大師對當時學禪行人的嚴厲喝斥。

值得注意的是，大師對禪宗的批評並非來自宗派不同所生出的對立或誤解。恰恰相反，參禪曾是大師年輕時最主要的修行法門；而且，在他二十五歲時，於徑山閉關時就有過開悟的體驗。

然而，禪宗的流弊在晚明時期已經很嚴重，大師開始有了弘揚戒律的想法，力圖匡正這種變質的風氣，如大師所言「盡諳宗門近時流弊，乃決意宏律」。同時，在〈寄剃度雪嶺師〉一文中大師也提到：「毗尼法，三學初基，出世根本，僧寶所由得名，正法賴以住世。而罕有師承，多諸偽謬，遂令正法墜地，僧倫斷絕，一可痛也。」似此戒體的不清淨、傳戒的不如法，都讓大師感到痛心。唯獨造化弄人，大師力促的「五比丘共住」以傳承淨戒的志願，最終仍舊沒能達成，成為大師一生中最大的遺憾。

本書的第一章對明代佛教的時代背景作了概括性的描述。由於明代正處於東西方文化開始交會之際，而傳統中華思想各個支脈發展至此也逐漸錯綜複雜，人們對於種種思想的矛盾開始有了統合的需要，各種固有宗教與支派在明朝出現了融合的趨勢，融和佛道儒三家的「理學」順理成章的成為當時儒生的「新學」。在這個背景下，當時的「憤青」大師仗著滿腔的熱血也寫下了反對佛教的文字，這個過程在本書的第二章有詳細的記載。

大師閱讀《竹窗隨筆》後，雖知道自己為「邪師所誤」，但就種種思想上的矛盾，僅能延續著前人蓮池大師的主張——以「三教同源」調伏這幾個主流思想彼此的差異。本書的第三到第五章清楚描述大師一生的修行和弘化過程。此外，對於匡正佛教的流弊，大師除了深入經藏、梳理辯證佛陀的本懷外，也撰寫大量的文字流傳於後世，算是對當時的大乘佛教作了去蕪存菁的整理。因此，佛教在十三世紀從印度滅亡後，以大乘佛教傳入中國並得以延續，時至今日若尚能不脫離當時的本旨，大師具有舉足輕重的影響。

因此，循著蕅益大師的文字，對於目前琳瑯滿目的佛法，當可在其中找尋正知見，並避免為「邪師所惑」。弘一大師曾說：

《靈峰宗論》為明靈峰蕅益大師的文集，近古高僧中知見最正者；先閱此種，自不致為他派之邪說所淆惑。

因此，在這個時代研究蕅益大師的傳記，可以說是有特別的意義。本書的另一個特色，就是對於大師的著作廣泛地摘錄引用，我們可藉此更清楚地理解大師知見的依據，甚至一窺其間心境的轉變。由於大師一生在各個不同的時期都有著不同的「天命」：在他三十五歲之前致力於弘揚戒律；中年時期，一方面他繼續深入經藏，為後世辨明佛陀正法而持續筆耕；另一方面，在實修部分則特別聚焦在地藏與淨土兩大法門上。

到了晚年，大師特別主張「具足信願，持名念佛」，他認為「一切方便之中，求其至直截至圓頓者，莫若念佛，求生淨土。又於一切念佛法門之中，求其至簡易至穩當者，莫若信願專持名號。」大師強調：「得生與否，全由信願之有無；品位高下，全由持名之深淺。」清楚點出往生極樂世界三資糧——信、願、行。能否往生極樂世界，取決於是否具足信願；而品位的高低，則決定於持名功夫的深淺。

空行法師是我在佛光大學宗教所的學生；初與法師結識，就曾請她來辦公室深談。法師自幼品學兼優，小學畢業獲得縣長獎，國中畢業獲得智育獎。就讀臺北商專時即通過普考，畢業後又通過高考。她曾服務於國稅局及臺大醫學院，表現優異，深得主管讚賞。由於她在求學期間即研讀佛教的經論，遨遊於浩瀚的佛理，自得其樂；在懇求父母同意後，正當年輕有為之際，毅然放下公職，全心投入佛門修行，而且解行並重。

法師出家後，曾擔任臺北和臺中道場的負責人，也應邀到紐西蘭道場擔任中文佛學老師及大專院校的宗教師。她在研究所時，治學嚴謹、課業優異，處事平易近人，個性隨和。此外，她多年來在醫院擔任臨床宗教師及監獄弘法，並在佛學院講課，貢獻所能，服務社會。身為其師，我倍感榮幸。

最近欣聞法師應慈濟人文志業中心邀請撰寫蕅益大師的傳記，並邀我作序推薦。我個人閱讀此書後，除了加深對蕅益大師的認識，也得到不少的獲益與法喜。在此，我很樂意以這篇短文作個簡短介紹，並且推薦給大家。

【編撰者序】

暗夜天空中的一顆孤星——蕅益大師

蕅益大師，生於四百年前的明末時期，後人尊為明末四大師之一；其對後世的貢獻，連弘一、印光兩位大師都讚歎不已，可見大師對後世之貢獻確實，大師的貢獻主要在三個方面：一、大師對各宗派佛法的思想進行辯證、論述，並集大成，著作等身，成為近代佛學的大通家。二、大師不只自身嚴持淨戒，精勤修持佛法，而且因應當時佛教的流弊，不畏艱辛地撥亂反正。三、大師一生在各種逆境中摸索佛法所展現的人生態度，足以成為後世的楷模。

所幸，由於蕅益大師所處的年代與我們較近，相較於其他高僧大德，我們可以有更多資料與更清楚的時代背景，藉以看得更明瞭。

對真理的追尋

這些對後世的貢獻，並不是大師從年輕時就立定志向的。事實上，大師一生的心態與思想歷經過多次的轉變；這些轉變，主要是來自於大師對「真」的追尋，進而成就其「大」。這整個蛻變的過程，便是本書想要特別傳遞給讀者的。

在本書中，我們怎麼樣更「近」地去看大師呢？首先，大師的著作非常豐富，這些文字資料多數仍良好地保存著，所使用的語言習慣以及民情也與現代較為相近，大師的心路歷程都可以在他的著述和書信中得到清晰的輪廓，甚至可以清楚地看到大師在自我摸索中的種種蛻變。

如前所述，與許多古代的修行人相比，大師並不是一出生就對自己的志向與修行法門堅信不移；事實上，大師的「疑惑」比一般古德來得更多，甚至有時混亂到難以決疑。這一方面固然是大師本身的嚴謹性格所致，也有很大部分來自時代背景的因素。

中國的佛教經典與論註，自宋代印刷術發明後開始廣泛流傳；在這之前，人們其實很難有機會廣博接觸到佛法的各種法門，甚至能聞其一已屬萬幸。到了明末，由於典籍的廣泛流傳，禪、淨、密、律、教等五宗雖然看似已有開枝散葉之勢，但諸法門也因為修行者的主觀或曲解，而有逐漸變質的現象，甚至有流向庸俗化、偏執化的傾向，有的經典甚至出現魚目混珠而真偽難辨。所以，到了明末，佛法實質上是已經走向衰敗的方向。再加上當時朝廷政策等因素，明朝對僧侶的的管理制度，變相鼓勵了許多投機分子混入佛門；這些人主要是基於套取社會福利的目的，而佯裝現出家相，甚至將出家證（度牒）作為商品買賣。

到了明代中葉，佛門已是龍蛇雜處，無行僧人敗壞佛法的事件屢見不鮮。而即使有心實修之人，面對當時的五宗十派，或如天台宗逐漸為人所輕忽，或如律宗之開遮持犯早與佛世不同；甚至以明代最興盛的禪宗來說，禪和子口說公案、戒行則束諸高閣等問題，早已成為當時的普遍風氣。就算其中有不願同流而欲實修的禪者，面對當時已混入宋明理學的禪宗，欲得祖師禪的真意也得要碰碰運氣，看能否遇到真正的善知識給予指引。

大師身處的年代，恰好是佛經上所說的「佛滅後第五個五百年」，也就是末法時期。在《大方等大集經．月藏分第十二分．布閻浮提品第十七》提到「五五百年」的說法：

於我滅後五百年中，諸比丘等猶於我法解脫堅固；次五百年，我之正法禪定三昧得住堅固；次五百年，讀誦多聞得住堅固；次五百年，於我法中多造塔寺得住堅固；次五百年，於我法中鬪諍言訟，白法隱沒，損減堅固。了知清淨士，從是以後，於我法中，雖復剃除鬚髮，身著袈裟，毀破禁戒，行不如法，假名比丘。

簡言之，大師的時代（明末清初）佛法已經式微，僧人大多徒具形象，而無實修的內涵。

回到大師所處的時代，當時所流傳的各種經論，何者是真正佛的知見呢？普世所傳、所言的佛法，哪個是真的？那個是假的呢？又，哪個是如法的？那個是方便的呢？這些摸索的時間幾乎占去大師人生的一半以上。所謂「四十而不惑」，大師在這方面的摸索，也是幾乎到了四十歲以後，方向才比較明朗。

到了四百年後資訊更為發達的今天，我們在修學佛法的過程中，也一定難免遇到這樣的疑惑。大師示現出，像我們一樣的平凡人，也會遇到種種矛盾與疑惑，甚至退轉；在這樣的過程中，我們該如何追尋真理呢？

本書除了詳實地比對大師的生平事蹟，也將摘錄了大師在同一時期的著述與文字，直接反映大師當時的想法與觀念；這個整理的過程，讓我們對大師身為一個「凡人」的感受更為親切。

以佛菩薩為師

其次，大師有著很「孤單」的一生。大師恰逢生於亂世，前面提到對於解惑與去假歸真的追求，可以說是大師一生中重要的職志。所謂「三人行必有我師」、「獨學而無友，則孤陋而寡聞」等，以儒家啟蒙的大師自是明白這個道理。

除了獨覺的聖人外，大部分的高僧大德，多半能在修行的路上得到一些師友的啟發；唯獨大師，修行路上幾乎找不到同行之師友。世緣的孤立，加上體弱多病，使得大師經常有業障深重、生不逢時的感慨，遂經常懺悔以求滅罪。

大師在青少年時期，就自嘆遇到邪師邪說，在程朱理學思想上，花了不少時間與冤枉路，甚至還造下闢佛的惡業。進入青年時期，一生中唯一有機會親近的善知識憨山大師，又因為交通不便的障礙而無法親見。

到了壯年時期，好不容易找到幾個志同道合的夥伴，與雪航、歸一和惺谷等三位法師建立緊密的友誼，對於四人彼此在佛法上能互相解惑、增進而法喜充滿。然而，短短的五年之間，這些朋友病逝的病逝、離去的離去，大師最終還是只能回到孤身一人追求佛法的路上。大師的世緣居然如此貧乏之啊！

到了壯年後期，大師苦無良師益友之下，對於心中的種種疑惑，無人可以請教或討論，只能藉由《占察善惡業報經》及占察輪，以求決疑。當大師接觸這部地藏法門的經典《占察善惡業報經》，閱後頓感「悲欣交集，如獲至寶」。這部經典對身處末法時代的大師就像是暗室中的一盞明燈，也是「誠末世多障者之第一津梁也」。

前面提過，大師自知身處於佛法衰微、正法難尋的末法時期，這正是大師必須要鍥而不捨地追求正法的背景；自認業障深重，更是大師心中難以釋懷的遺憾。所以，「末世多障者」何嘗不是大師對自己的寫照？

此後，大師遂與地藏菩薩為友、為師，大有「舉杯邀明月，對影成三人」的寂寥之感。大師在追尋佛法，撥亂反正的過程中，除了以古代正宗的經典為友，就是以佛菩薩為師，憑藉「自力」辛苦地從荊棘中梳理出一條清淨之道，給未來的修行人隨行。而弘揚這部一直幫助大師決疑的《占察善惡業報經》，也使大師成為近代弘揚地藏法門的重要人物之一。

除了以佛菩薩與經論為師以外，大師還有一個重要之「師」——就是戒律。「以戒為師」是佛陀入滅前的最後教誨；對自己世緣淡薄孤單的一生，「戒」是至穩至當的老師（引導者）。於是，大師在律宗的研究上，可以說是獨樹一格，特別崇尚持戒的嚴謹與戒體的清淨；大師甚至為此多次研閱深入律藏以明真偽，期許能使戒律的行持回到佛世的標準，還原戒體的清淨。

禪宗有個說法：「大疑大悟、小疑小悟」。大師一輩子在決疑與真理之間穿梭，這麼多年的疑情不可謂之不大。到了晚年，大師終有大悟。大悟的內容是什麼呢？在大師窮其一生深入各宗經論之後，最後的大悟是「信願具足，老實念佛」。

佛法八萬四千法門，怎麼會得到這樣「平凡無奇」的結論呢？大師是這樣說的：

念佛三昧名寶王三昧，三昧中之王也。凡偏、圓、權、實、種種三昧，無不從此三昧流出，無不還歸此三昧門；蓋至圓頓之要旨，亦三根普利之巧便也。

在一生廣學多聞之後，大師歸結：「所有佛法無不匯歸回淨土法門」、「念佛法門至圓至頓」。大師一生猶如暗夜中一顆孤星，經過多病多勞、單憑「自力」為主的漫漫長路摸索後，到了晚年，總算「五十而知天命」，而且得到的是一個有「他力」依歸的答案。在此同時，大師也廣勸人念佛，一門深入地念。猶如大師自像贊中所說：

不參禪，不學教，彌陀一句真心要；不談玄，不說妙，數珠一串真風調；由他譏，任他笑，念不沉兮亦不掉。晝夜稱名誓弗忘，專待慈尊光裡召。懸知蓮萼已標名，請君同上慈悲舸。

可以想見大師晚年的圓融無礙。同時，也示現給我們看到，一個大修行者的一生與我們沒什麼不同，也是會有種種障礙、各種疑惑、各種求之不可得與老病之苦的折磨。大師曾經說過：「生平所做，百無一長處，只有不捨大菩提心。

為了佛法，忘卻自身，捨己從人，即使面對三世諸佛，也毫無所愧。」我們在學佛的過程中，也許可以順著大師開出來的這條道路，看看大師的心境與省思，省去不必要的摸索時間，直接受用大師晚年所證悟的圓融無礙之道。

順治十二年，大師這顆暗夜短暫飛過娑婆的流星，最終融入在聲聲阿彌陀佛的無量光中，世壽五十七歲。大師圓寂後八年，大師未得親見的願望終於實現，眾生也遇到了日出，逐漸離開了刀兵飢荒的暗夜，迎來中國自康熙帝以後，至少一百年的盛世曙光。

大師在《西有寱餘》自序文中說：「百世而後，有不寐者，未始不旦暮遇之也。」大師不只在當時沒有遇到什麼良師益友，甚至不認為有多少人能理解他的作品，所以也只好無奈地認為：也許百年以後，我可以遇到清醒的知音，知道我所說的都是很平實的道理。

三百多年後，印光大師與弘一大師對蕅益大師有著這樣的讚歎：「宗乘教義兩融通，所悟與佛無異同」、「近古高僧中知見最正者」。因此，離大師近四百年後的今天，我們再來重新認識一下大師的平實，也許有機會成為大師的知音。

祈願任何見聞或閱讀本書的人，在菩提道的修持具足一切的順緣，去除一切的違緣，發大菩提心，具足信願行，同生極樂國。

謹將本書的功德至誠回向佛法長久住世，利樂群生；

願所有的具格的善知識法體康泰、長壽住世，並轉妙法輪；

願所有的眾生都能值遇具格的善知識，聽聞正法，發菩提心，速證菩提；

願所有受煩惱習氣眾苦逼惱的眾生，都能蒙觀世音菩薩的願力而得清涼之地；

願所有的病者都能遇到良醫，迅速康復，過有意義的生活；

願所有的亡者都能蒙阿彌陀佛慈悲的接引，速往極樂世界，早證菩提。

目錄

「高僧傳」系列編輯序
令眾生生歡喜者，則令一切如來歡喜 003

推薦序
「近古高僧中知見最正者」 陳旺城 012

編撰者序
暗夜天空中的一顆孤星
——蕅益大師 018

示現

緣起：動盪明末…… 037
不度德，不量力，妄欲砥柱中流，
誰道連身淚沒！努力扒將起來，
未免筋疲骨仄；賴有金剛種子，
從來不受侵蝕。彌陀一句作津梁，
阿鼻直達安樂國。
明太祖整頓佛教 039
明世宗之後的佛教亂象 045
民間的宗教 049
理學的思想 050
內憂外患的明末 052

第一章 誕生．成長 061
父持白衣大悲咒，夢大士送子。
幼持齋甚嚴肅，夢感大士曾相召。
佛化家庭 063
觀世音菩薩的信仰 064
「大悲咒」等修法 069

第二章　研習世學　075
就外傳，聞聖學，拘虛於程朱。
開葷酒，作論數十篇，闢異端。
閱《自知錄》序及《竹窗隨筆》，
乃不謗佛。自心者，三教之源，
三教皆從此心施設。
造「闢佛論」　076
程朱學派之誤解　078
反邪歸正　083
三教同源　085
第三章　決意出家　101
師二十歲喪父，聞地藏本願，發
出世心。二十三歲聽大佛頂經，
決思離俗。二十四歲一月中，三
夢憨師，乃從雪嶺峻師剃度。
父親往生　103
決意出家　104
三夢憨師　113
遁入空門　115
第四章　青年時期的修行和弘化　127
二十五歲坐禪徑山。至夏，身心
世界忽皆消殞；因知此身從無
始來，當處出生，隨處滅盡。
二十八歲母亡，痛切肺肝。
徑山參禪　129
受戒．寄家書　133
母親往生　138
松陵閉關　140
第五章　壯年時期的修行和弘化
——前期　159

三十一歲，隨無異禪師至金陵，盡諳宗門近時流弊，乃決意宏律。深痛我禪門之病，非台宗不能救耳！
力倡戒律和教理 160
結盟弘律 168
著述律學 171
退位為菩薩沙彌 179
主修閱藏著述 186
第六章　壯年時期的修行和弘化——後期 195
冀乘本願輪，仗諸佛力，再來與拔。至於隨時著述，竭力講演，皆聊與有緣下圓頓種，非法界眾生一時成佛，直下相應，太平無事之初志矣。
九華山弘化 196
南方弘化 199
獲得清淨比丘戒 204
著述弘法 206
第七章　晚年時期的修行和弘化 219
不願成佛，不求作祖；不肯從今，不敢畔古。念念思歸極樂鄉，心心只畏娑婆苦。六字彌陀是話頭，千磨百難誰能阻。
安住靈峰 220
重振毗尼 222
撰寫《八不道人傳》 230
著作《選佛譜》 234
撰述《淨土十要》、《閱藏知津》、《法海觀瀾》 240
端坐圓寂 247

圓寂之後 252

影響

壹・廣著群書 261

若論逗機最妙之書，當以《淨土十要》為冠。而《佛說阿彌陀經要解》一書，理事各臻其極，為自佛說此經來第一注解。

著述等身 262
重要著作簡述 268
貳・思想與修持 277

不參禪，不學教，彌陀一句真心要。不談玄，不說妙，數珠一串真風調。由他譏，任他笑，念不沉兮亦不掉。晝夜稱名誓弗忘，專待慈尊光裡召。懸知蓮萼已標名，請君同上慈悲舫。

戒律思想與修持 281
性相融會思想與修持 291
天台思想與修持 302
地藏思想與修持 317
懺悔思想與修持 326
觀音思想與修持 334
淨土思想與修持 340
畢其一生，歸於淨土 370
附錄 377
蕅益大師年譜 378
參考資料 396

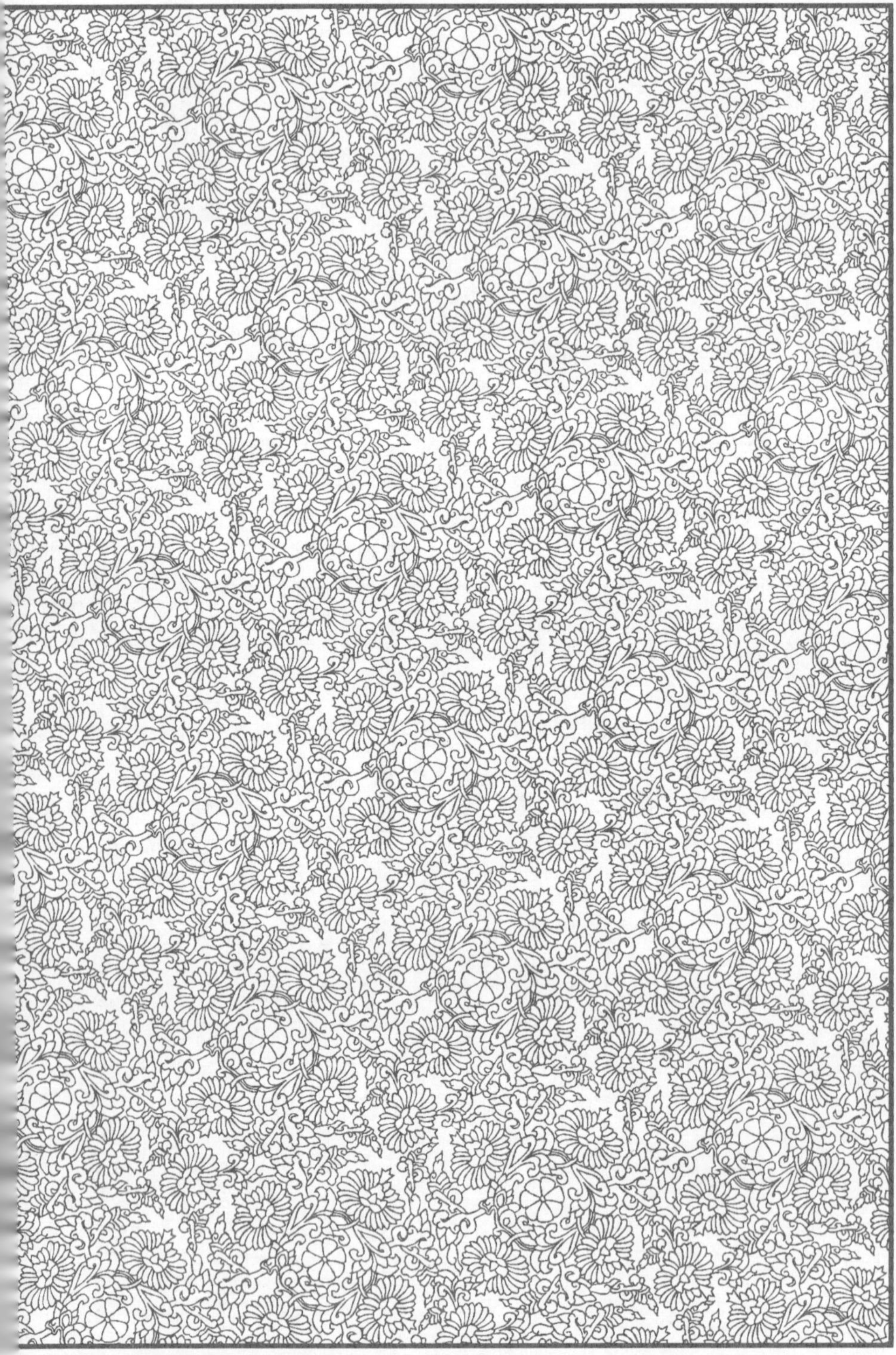

示現

緣起

動盪明末……

不度德，不量力，妄欲砥柱中流，誰道連身淚沒！努力扒將起來，未免筋疲骨仄；賴有金剛種子，從來不受侵蝕。彌陀一句作津梁，阿鼻直達安樂國。

前面之引文為蕅益大師對自己所作的贊偈（〈自像贊〉第七首），其意為：「你也不想想你有多少德行、有多少的能力，居然妄想靠自己的力量，奮力做中流砥柱；結果在業海中越來越墮落，就算曾努力振作起來，但也是筋疲力竭、無計可施。還好，阿賴耶識田中念佛的善根如同金剛一般地堅固，從來也不受這些業力侵蝕；只要一句阿彌陀佛作為依靠，就能夠從阿鼻地獄直接救往極樂淨土。」

由此贊可以看出大師護教的熱忱和念佛求生極樂的決心。蕅益大師（西元一五九九至一六五五年）所處的年代，當時佛教在中國流傳已超過一千三百年；因應時代的變化，修行法門也歷經不斷地演繹，而演化出現大乘八宗。然而，一路開枝散葉下漸漸出現不少流弊。

明太祖整頓佛教

佛教於東漢傳入中國後，隨著光陰的流逝，佛教也歷經興盛和衰敗，甚至慘遭「三武一宗」（即北魏太武帝、北周武帝、唐武宗及後周世宗）滅佛的法難。

到了明朝，開國皇帝明太祖朱元璋（西元一三二八至一三九九年）年輕時因生計困窘，曾在皇覺寺出家為僧；於至正二十八年（西元一三六八年）在應天府稱帝，國號大明，年號洪武。他登基後命令朝廷向寺院捐贈，並出資修繕寺廟，賞賜給寺廟許多免稅的土地；還讓僧人參與朝廷事務，派他們當任外交使節或王府的顧問，其用意是借助佛教教義，發揮教化人民的功能。

太祖洪武五年，下詔對各地僧人普遍發給度牒，並廢除免丁錢（南宋時代起，因為僧人、道人免服兵役，為了社會公平，而對僧人、道人所課之稅）的繳納。

明初，朝廷對於僧人活動的限制不多，不論僧人或善信（在家信眾），可以自由地在山林與城鎮，白天集眾講經說法，夜晚則靜處坐禪等宗教活動。但是，隨著僧官制度的完備，朝廷對於僧人活動的管束愈來愈嚴格。

明初對於佛教管理仍沿用元朝「宣政院」的制度，設立「善世院」，管理僧眾及佛教界事務；例如南京的天界寺，設有統領、副統領、贊領、紀化等僧官制度。到太祖洪武十四年（西元一三八一年），將「善世院」改為「僧錄司」，任命「僧錄司」僧官掌管天下的僧教事。

明朝僧官必須是僧人才能擔任，依照規定因職稱不同而有相應的制服。僧官機構直接設在著名的寺院裡，不另設置專門的官署衙門。不過，沒有派給部屬，剛開始是服務性質，沒有薪俸。直到太祖洪武二十五年（西元一三九二年），才對九品以上的僧官實行支俸的制度。

太祖洪武十五年（西元一三八二年），太祖將佛教寺院分成「禪、講、教」等三類寺院。

「禪寺」指禪門各宗；不立文字，以明心見性為要，地位最高，只有禪僧可以出任僧官。太祖多次下詔，命天下僧人講習《心經》、《金剛經》、《楞伽經》，對禪宗在明代的發展有重要的作用。

「講寺」係指經義的理解和講述，是義學沙門，專門講說的佛教義理，地位次之。「教寺」則是專門從事消災、祈福、超薦等顯密法事，地位最低。

「教僧」是專門做佛事（消災、祈福、超薦等法事）的赴應僧，教寺稱為赴應寺。明朝規定，赴應寺的赴應僧專門從事佛事活動，禪寺及講寺的僧眾禁止做佛事，民間也不可以模仿教僧作佛事；如果不是教寺的教僧做佛事而被抓到，會被送到官府查辦。

在明代法令下，只有教僧可以正大光明地出入市鎮，與社會大眾接觸，因此特別受到關注與檢束。

僧人同樣分成三類，連袈裟的顏色也有規定；例如，有某段時期，禪僧是黃色、講僧是紅色、瑜伽教僧是蔥白色，三種僧人的穿著都不一樣。明末四大高僧之一的蓮池大師，於其著作《竹窗隨筆》裡提到他初出家時，禪僧穿褐色，講僧為藍色，律僧則穿黑色僧服。

這樣的區分，被視為整合佛教宗派專業和活動，督導各宗各司其職，專注於修行、義理探討、以及祈福消災等佛事。到蓮池大師晚年時，禪、教各寺都變成講寺，而僧服也都變成黑色。僧官還要監督坐禪，並且考核每個寺院的糧食產業，及十方信施的財物等記錄，掌握寺院的經濟狀況。

明太祖推行宗教管理，原本為了整頓元末僧人的流弊，管理寺院及僧人的修行；但是，長時間禪講律的分離，導致僧人的修持偏重一門，而無法全方位地修學。明太祖對佛教管理的干涉，限制了僧人對經典的學習，對佛法的修習與推展產生相當程度的影響。

太祖洪武十七年，採用禮部尚書趙瑁的建議，規定每三年發度牒一次，並須考試；未通過考試的僧人，則不發度牒，予以淘汰。明代為革除元朝時經懺僧人的流弊，朝廷將佛門法事的程序標準化，並通用於各大寺院。教僧須先受三年的訓練，通過朝廷嚴格的考試，發給「證照」——度牒（僧道出家，由官府發給憑證），成為正式的教僧後，才有資格做佛事。之前沒有度牒的僧人參加也要考試，通過考試後，會發給度牒；如果沒通過考試，就無法取得度牒，成為僧人。

在太祖洪武十九年（西元一三八六年）設立「砧基道人」——掌管寺產、繳納差稅的僧人（又或不僧不俗），有官吏性質，負責處理寺院的錢糧出納、官府往來等俗務，禁止僧人在外奔走，有效降低僧人與社會的互動。如此一來，寺院與官吏富豪之間沒有直接交涉的必要，自然可以防止寺院勢力的擴大。

太祖洪武二十四年（西元一三九一年）特別頒布「申明佛教榜冊」，要求各地僧司普查並清理所有的僧寺；想要還俗的僧人，聽其還俗；凡出家的僧人須恪守戒律清規，禪、講、教三類各歸本宗。榜冊內容並詳盡規定「道場諸品經咒布施」及「陳設諸佛像、香燈、供給」的價格；例如，誦一部《華嚴經》，錢兩萬文；或是誦一部《般若經》，錢一萬文等；對於做佛事的教僧，亦具體規定做一場佛事的價格。

佛事價目表，原本是要革除元末佛事氾濫、僧人良莠不齊的弊端，並限制教僧從中獲取龐大的利益等問題。但是，相較於禪寺或講寺的僧眾，教僧更有機會接觸到一般社會大眾，社會對佛教的印象因此也大多來自這些做佛事的教僧。然而，明代的佛教隨著法事功能化、職業化，弊端反而更多。

在太祖洪武二十七年（西元一三九四年）頒布「趨避條例」，強調僧俗不可混雜，僧人不可與民間雜處，不可居住在城鎮，或在市集化緣。三十人以上聚成一寺，二十人以下就要併寺。如果是一、兩位僧人在街上遊蕩，會被報官處理。藉此鼓勵僧人在山林清修；信徒若要聽聞佛法，必須到寺院。

明世宗之後的佛教亂象

到了明朝中葉，世宗嘉靖（西元一五〇七至一五六七年）的前期，得到張孚敬的輔佐，推行改革，成效顯著，史稱「嘉靖中興」。

張居正在萬曆三年（西元一五七五年），以自己少年時的親身體驗，對嘉靖前期整頓學政的成就予以極高的評價。他說：「臣等幼時，猶及見提學官多海內名流，類能以道自重，不苟徇人，人亦無敢幹以私者。士習儒風，猶為近古。」

後來，世宗濫用夫役與國家的財力大事興建，迷信方士、尊崇道教，好長生不老之術，每年不斷修設齋醮，造成國庫龐大的支出。世宗好行房中術及煉丹祕方，二十多年未上朝，不問國政。寵信嚴嵩專政二十年，殘害忠良，楊繼盛、沈鍊等朝臣慘遭殺害。明朝的國政，從此走向衰退。

世宗因寵信紹元節（正一道道士），發生排斥佛教的事件。京師的佛教受到廢佛和道教勢力的排擊，尤其是宮廷的佛教幾乎蕩然無存；佛教文物遭受嚴重破壞，令佛教於精神及社會層面皆受到極大損失。

世宗嘉靖以後，度牒變成交易的物品；若想出家成為僧尼，必須買度牒。有些人想逃避服兵役或國家的義務勞動，就花錢買度牒，成為名義上的僧尼；為了救濟災荒，朝廷亦出售度牒，以換取米糧。如此一來，造成僧尼的素質良莠不齊。此時，地方官府大量私下販賣度牒，使得僧眾之間龍蛇混雜；甚至有犯罪者，為了逃避隱匿而以出家相示人。久而久之，「僧人」犯戒違規的情況嚴重。

世宗嘉靖二十二年，禮部志稿中就提到「尼僧仍復潛聚京師、或私置房屋、或投托親知，誘引良家婦女，恣肆多端不可枚舉，若不申明先年諭旨嚴加禁革，則縱欲導淫，傷風敗俗愈甚而不可制除。」又提到「自成化二年起至十二年，共度僧道十四萬五千餘人，而私造度牒者尚未知其數。此輩游食天下，奸盜詐偽靡所不為使；不早為處置，大則嘯山林謀為不軌，小則興妖言煽惑人心，為患非細。今蘇州等處，累獲強盜多係僧人。」諸如此類，可見當時「僧眾」所造成的社會亂象。

因此，到了蕅益大師身處的明朝末期，一般僧人不守戒律、不學教理，禪門弟子拿著幾句公案轉語偽裝成有道之士，成為當時的普遍現象。

自英宗正統年間以後，歷經景帝、憲宗、孝宗、武宗諸帝，均崇信佛教；因此，政策上對出家眾給予了一些社會的福利與特權。然而，在這樣政治環境下，佛教非但沒有興盛，反而產生世俗與墮落的傾向。

神宗萬曆期間，禪、講、律的寺院皆轉成講寺；表面看似宗派融合的局勢，實則造成戒律地位被忽略和宗乘主體消融的局面。

當時的僧人戒律鬆弛；由於不重視戒律，自然不會想要學戒，不知道戒法的開遮持犯及作持。只是虛有出家之表，而無真實的僧人行誼。

明朝，禪僧的地位最高，僧人多以參禪為傲。由於禪宗是教外別傳，主張以心印心、不立文字，逐漸演變成禪宗門徒以「不重文字」自居，輕蔑經典，不重視佛教的教理。這些參禪者，多半不是為了明心見性而參禪；參禪只是一個幌子，並無實際的證悟及修為。

此外，對於佛經的印行，相較於前朝則頗為發達。明朝的印刷業已經發展到一個新的高峰，在印刷書的數量和品種、印花的技術和工藝上，印花的體系和分布等各方面都已經超過宋元時期。由於印刷業的進步，佛經的刻印規模也大幅度提升。

明初，在南京刻印的《大藏經》，是當時最大的印刷工程。在太祖洪武五年（西元一三七二年）開始刻印，到成祖永樂元年（西元一四〇三年）完成，共六百三十六函、六千三百三十一卷，版木多達五萬七千一百六十枚，採用「經折裝」。因為這部藏經刻印於南京，也稱為《南藏》或《洪武南藏》。

數年後，在北京刻印《北藏》，全名為《大明三藏聖教北藏》；在成祖永樂八年（西元一四一〇年）開始刻印，到英宗正統五年（西元一四四〇年）完成。之後，又在杭州刻印的《武林藏》，是最初刻成的方冊藏經。

神宗萬曆年間紫柏大師所創刻的方冊本《大藏經》，以經板藏於徑山，故名徑山藏，統稱《嘉興藏》。

除了漢文，還有用藏文刻印的《藏經》，在明代稱為《番藏》，永樂、萬曆年間都曾刻印過。

民間的宗教

民間宗教流存已久，明太祖朱元璋是藉著白蓮教起義而推翻元朝。但是，明朝立國後，為防杜民眾聚集造次，對祕密宗教及結社，有許多的法令限制和管理；因此，佛教的弘揚也連帶受到阻礙。

明朝民間祕密宗教中，較大的派別有白蓮教、羅教、弘揚教、三一教等。這些民間宗教的教義，大多融合佛道的思想及善惡因果的觀念，其教義較容易理解，信眾多為貧苦的百姓和農民等；他們有自已的組織、支派和結社，也有各自的集會。

其中，以白蓮教為規模較大的民間宗教。其乃是南宋紹興年間，由吳郡昆山

（今江蘇昆山）的僧人茅子元（法名慈照）所創建的新教門，又稱白蓮宗。

早期的白蓮教崇奉阿彌陀佛，提倡持戒念佛，規定信徒持守五戒——不殺生、不偷盜、不邪淫、不妄語、不飲酒；因特重不殺戒、不食酒肉、專事潔齋，又稱「白蓮菜」。號召信徒敬奉祖先，夜集朝散，儀式神祕。它的教義簡單，經卷比較通俗易懂，為下層人民所接受。後來演變為民間宗教結社，以往生淨土為宗旨，又由從崇奉阿彌陀佛逐漸改成崇奉彌勒佛。

白蓮教的支派漸多，分布很廣；元末及明、清時期，都有白蓮教聚眾反抗朝廷的民亂事件。例如，明太祖洪武十九年（西元一三八六年）的彭玉林，武宗正德七年（西元一五一二年）起於河南的趙景隆，以及正德十一年（西元一五一六年）的彌勒出世事件等，造成社會的動亂及龐大的社會成本。

明代的儒學是以理學為主流，是延續宋朝理學；宋代儒家學者將儒學由漢唐注重的經義訓詁轉向義理探求，並融合老莊和佛學思想於儒學中，發展成理學。雖以儒學的內容為主，卻也融合了佛教和道教思想，講述「性理之學」。但是，理學家為了要鞏固儒學（孔孟的思想）在國家的領導地位，不免對於佛教跟道教多所批評；尤其是「程朱理學」，為了要避免別人譏諷他們的思想與佛、道教相似，所以對佛、道教思想的批判更為著力。

明朝中葉，王陽明承續陸九淵而闡發心學，創立致良知的「陽明學」，集心學之大成。王陽明的心學，也吸收了佛、道教的要義，但他主張佛教、道教跟儒家是三教同源。

除了政治上的提倡外，社會書院的講學風氣以及活版印刷的流行，致使理學思想在宋明兩代蔚為風氣，對中國學術發展的影響深遠。

蕅益大師的故鄉一帶是以「程朱理學」為主流；十二歲那年，父親帶著大師到外地拜師求學，就是接觸到程朱學派的思想。而幼年的大師受到「程朱理學」

思想的衝擊，就作了〈闢佛論〉批評佛法，立誓消滅釋老。日後，大師深深後悔年少時曾經造下謗佛的惡業。

蕅益大師在《靈峰宗論》曾經提到王陽明的「心學」。大師認為，接觸王陽明的心學後，如果我們能夠按照王陽明修行的方法去做，不自覺地就會從儒家走向學佛。大師對王陽明極為推崇，在《靈峰宗論》說道：「王陽明超越宋諸儒，直接孔顏心學，一生示人唯有『致良知』三字；良知者，性德靈明之體。」大師認為，在宋朝，孔顏心法直至王陽明才算真正得到傳承。而且，大師的《大學直指》也是以王陽明的古本《大學》為藍本來編排次第。大師曾感慨：「旭生也晚，習儒時不得親炙陽明。」可以看出大師對王陽明「心學」的推崇。

內憂外患的明末

自明太祖建國至南明三王，長達二百九十四年。明朝的十九位皇帝中，除了太祖稱得上英明賢能外，只有第三世的成祖和第九世的孝宗兩位皇帝執政期間，算是平穩的時代。其他的皇帝大多是荒淫無度、縱欲妄為和寵信宦官的昏君，導致朝政荒廢、社會腐敗及民不聊生的局面。

明朝中後期的皇帝多半不理政事，形成宦官把持政權，造成政治鬥爭與鎮壓叛逆層出不窮，政治進入黑暗時期。

其中，武宗（正德皇帝）耽著享樂，設立別宮豹房，耗費國庫白銀二十四萬兩。奸臣江彬為武宗物色民間美女，以供皇帝淫樂之用。武宗寵信宦官劉瑾；劉瑾掌權後，發起稅收改革，橫徵賦稅，以充國庫——亦便於中飽私囊。武宗在位期間，安化王朱寘鐇覬覦帝位，於正德五年（西元一五一〇年）發動叛亂；最後，朱寘鐇及其子朱台溍等人被生擒，叛亂告終。此外，於正德十四年（西元一五一九年），寧王朱宸濠發動叛變，最後由南贛巡撫王陽明、吉安太守伍文定平定。

世宗（嘉靖皇帝）寵溺宦官嚴嵩，有二十多年不過問朝政，任憑嚴嵩胡作非為。由於朝政敗壞，爆發多起農民起義，如山東礦工起義、陳卿起義、蔡伯貫起義、浙贛礦工起義、李亞元起義、賴清規起義等。之後又爆發多起兵變，包括：西元一五二四年大同兵變，一五三五年遼東兵變，一五六〇年振武營兵變，導致邊事廢弛。

此時，北方的韃靼勢力日增，屢次向內地邊境的大同、哈密、山西、寧夏等地侵擾，甚至曾包圍北京，史稱「庚戌之變」（嘉靖二十九年，西元一五五〇年，庚戌年）。韃靼長期的侵擾，造成明朝北方邊防極大的壓力。

此外，嘉靖年間，南方沿海地區，在浙江、舟山、南京、興化等地，倭寇橫行沿海，成為南方的邊患，也就是所謂「北虜南倭」問題；後仰賴朱紈、戚繼光、俞大猷等人率軍肅清倭寇。

世宗在位期間，葡萄牙人遠航到當時屬廣東省香山縣管轄的澳門，並「借地晾晒水浸貨物」為藉口，開始定居於澳門，從而展開在澳門近四百五十年的葡萄牙佔領及殖民時期。

明穆宗過世後，由太子朱翊鈞繼位，即神宗，年號萬曆。神宗繼位後，在內閣首輔張居正等人的輔助下，開創「萬曆中興」；這是明朝最後一個中興之主，解除當時的政治和經濟危機，原本有機會再度復興日漸衰落的大明江山。

但後來，神宗也有二十多年不過問政事，任憑宦官魏忠賢把持政權，為所欲為。這期間的政治形態是皇帝荒惰，宦官橫行，百姓被課以沉重的稅額而導致民怨四起。不僅如此，國家內部更處於嚴重的政治紛爭——東林黨爭。

東林黨爭始於明神宗萬曆年間，一直延續到南明，起因為「定國本」（立太子）之事。

吏部郎中顧憲成因立太子之事得罪皇帝而被黜，返回故鄉無錫，講學於東林書院，經常和東林書院其他學者如高攀龍、錢一本等人，「諷議朝政，裁量人物」，逐漸成清議。

明末發生「梃擊」、「紅丸」、「移宮」三案，黨爭更烈。東林黨主張明辨是非，反東林黨者則認為三案不值得爭論，彼此間的對立愈演愈烈。之後，宦官魏忠賢當政，反東林黨人士依附，形成「閹黨」。魏忠賢以「三案」之名，大規模誅滅東林黨人。

天啟四年（西元一六二四年），東林六君子——楊漣、左光斗、魏大中、周朝瑞、袁化中、顧大章被拷打慘死。閹黨人士並編纂「東林點將錄」，廣羅反對者黑名單，大力打擊異己。

天啟六年（西元一六二六年），東林七賢（高攀龍、周順昌、周起元、繆昌期、李應昇、周宗建、黃尊素等七人）也遭到魏忠賢陷害致死。直到明思宗崇禎年間，才將魏忠賢等人懲治。明朝當時的國本已經大衰，不久後清兵入關，明朝滅亡。

黨爭綿延數十年，幾乎沒有安定的日子。清朝張烈（康熙時進士，原本篤信陽明心學，後來傾心於朱熹學說，著《王學質疑》抨擊王陽明學說）在《王學質疑》提要云：「夫明之亡，亡於門戶；門戶始於朋黨，朋黨始於講學。」指出明朝滅亡的主因是朋黨之爭——東林黨爭。吳佩孚（清末秀才）也認為，明熹宗寵信閹黨、濫殺忠良，是明朝亡國的主因。（註一）

明朝末年正值朝代交替之際，社會動盪不安、民不聊生的時局；這時候，宗教信仰成為世人心靈最好的慰藉，眾生對一個離苦得樂的淨土期待也更加強烈。

此時，佛教出現雲棲袾宏（蓮池大師，西元一五三五至一六一五年）、達觀真可（紫柏大師，西元一五四三至一六〇三年）和憨山德清（憨山大師，西元一五四六至一六二三年）、蕅益智旭（蕅益大師，西元一五九九至一六五五年）等四位大師，世人尊稱為「明末四大師」或「明末四大高僧」。四位大師藉由個人的修持，對世人、社會和佛教的復興做出非凡貢獻，其影響力深遠，一直持續到現在，乃至未來。

一代宗師的養成，往往不是一帆風順。如孟子所說：「天將降大任於是人也，必先苦其心志，勞其筋骨，餓其體膚，空乏其身，行拂亂其所為，所以動心忍性，增益其所不能。」大師的一生也是歷經悲歡離合、天災人禍、世事滄桑；由其生平，可以窺見諸位大師如何從錯誤中學習成長，在困頓中力爭上游，於佛法找到依恃，最終成為亂世中的明燈。

四位大師中，以蕅益智旭大師（以下簡稱大師）所處的年代最晚，為萬曆二十七年（西元一五九九年）至清順治十二年（西元一六五五年），正值十六、十七世紀交替及明、清交替的中國，也是不平靜的時代。當時政治紛擾，流寇四起，天災、人禍並起，連年饑荒、兵變不斷；後來清兵入關，於是改朝換代，大師成為名副其實的孤臣孽子。

面對亂世，大師感嘆自身業障深重，生不逢時，親睹時艱，甚至「斗米幾及千錢」之民不聊生，深深悲痛百姓顛沛流離、困苦無依；面對「病死日以千計」，而驚嘆眾生業報之深。疾病和饑荒頻傳，已經是夠令人心寒；干戈和兵亂不斷，更是令人膽顫心驚。面對如此惡劣的社稷傾圮，大師將滿腔愛國愛民的熱血，轉化成宗教的行持；希冀藉由精勤地行持，來改造自己及世運……

【註釋】

註一：除了明朝的東林黨爭外，中國歷代著名的黨爭還包括：東漢末年的黨錮之禍、唐朝的牛李黨爭（牛僧儒為首與李德裕為首的兩派黨爭）、宋朝的慶曆黨爭（因王安石變法，造成保守派——司馬光為首，與改革派——王安石為首的兩派黨爭）、清朝的戊戌政變（維新派的帝黨——光緒皇帝、康有為和梁啟超等人，與保守派的后黨——慈禧太后為首的兩派黨爭，結果帝黨失敗）。

綜觀這些黨爭可以概括得知：所謂的黨爭，不一定結黨成組織，有時只是雙方的政見不合，例如牛李黨爭。所有的黨爭，宦官大都參與其中；黨爭的結果，導致國家衰敗，終至滅亡。

正如俗話說：「家和萬事興」，無論家庭、社會、國家和全球的興盛與發展，都源自和諧。

第一章 誕生・成長

父持白衣大悲咒，夢大士送子。幼持齋甚嚴肅，夢感大士曾相召。

大師五十四歲曾寫下自傳《八不道人傳》，自號「八不道人」。

大師一開始接觸儒家的學說，後來覺得儒家不夠究竟。接觸佛法後，起初一心參禪，希望能夠恢復「本來面目」——了生脫死。在參學過程中，卻看到禪宗當時有很多不如法的地方，其原由是不重視戒律，就想要復興戒律。之後又發現，不尊重戒律的原因在於不懂得教理，所以不知道如何行持戒律；於是，大師又專研教理。

大師一生從習儒、參禪、持戒到研教，可以看出他對當時的佛教弊端有使命感。大師自覺，自己再怎麼努力也無法媲美古代的聖人（孔孟、參禪證悟者、持戒精嚴者、教理通達者），卻也不苟同於當時一般的儒學者、參禪者、持律者、研教者，因其只有虛名而無實學，故自號為「八不道人」。（註一）

佛化家庭

據其自傳記載，大師的父親名為鍾之鳳，字岐仲；母親是金大蓮。父母都是虔誠佛弟子，結縭多年未生育；父親持誦「大悲咒」十年，某天晚上夢見觀世音菩薩來送子，因而生下大師。時為明神宗萬曆二十七年，父母親都已經四十歲；就當時的社會而言，可謂老來得子。

大師名際明，又單名聲，字振之。祖籍是汴梁（現今河南省開封市），後來往南遷移到古代吳國所管轄的地區，靠近江蘇吳縣（現今江蘇省蘇州市，在太湖北濱）的木瀆鎮。

由於父母是虔誠的佛弟子，從小受到父母的薰陶，大師七歲就吃素，而且會夢到觀世音菩薩，並且與觀世音菩薩感應道交。

觀世音菩薩的信仰

觀世音菩薩於華人社會乃是相當普遍、深入民間的信仰，因此有「家家彌陀佛，戶戶觀世音」的說法。以下便對觀世音菩薩的背景與文獻稍加說明。

觀世音菩薩的梵文為 Avalokiteś vara，音譯為「阿縛盧枳帝濕伐邏」，此外尚有其他譯名。

東漢的竺法護大師（梵名 Dharma-rakṣa，音譯為達磨羅察），甘肅敦煌人，西晉佛教譯經師，時人稱「敦煌菩薩」。其先世月支人，本姓支，又稱支法護，八歲依竺高座出家，從師姓竺。約在魏明帝太和三年至晉惠帝永興三年，享壽七十八歲。在鳩摩羅什大師尚未到中國前，竺法護為中國佛教初期最偉大的譯經家。

大乘佛教重要經典之一的《法華經》，最初便是竺法護大師以《正法華經》為題譯出；經文中出現的「觀世音菩薩」，其譯為「光世音」。姚秦的鳩摩羅什大師，方譯為「觀世音」；唐代的玄奘大師則譯為「觀自在」等。此三個譯名，以「觀世音」最為普遍；這可能是因為鳩摩羅什翻譯的《法華經》之第二十五品〈觀世音菩薩普門品〉普遍流傳於中國的緣故。

據傳，到了唐朝，因為避開唐太宗李世民的名諱，「觀世音」因而變為「觀音」。不過，「觀音」一名其實在此之前便已流傳民間。

在《悲華經》（梵文 Karuṇāpuṇḍarīka-sūtram），十卷，涼曇無讖譯）中，介紹了阿彌陀佛與觀世音菩薩的來歷，並讚歎釋迦如來於穢土中成佛。經中云，觀世音菩薩因心生大悲心，欲令眾生離苦得樂，故蒙佛授記名為「觀世音」。而「觀自在」則意謂：透過觀照萬法（五蘊）的緣起性空，獲得自在。這主要出自玄奘大師所譯的《般若心經》。

《悲華經．諸菩薩本授記品》中提到，觀世音菩薩和阿彌陀佛前生曾為父子，一起在寶藏如來座前修行，並且蒙寶藏如來授記的典故。無量淨王將來成佛，號為「無量壽如來」，其國土叫做「安樂世界」；（王太子）觀世音菩薩將在阿彌陀佛入滅後成佛，名為「遍出一切光明功德山王如來」，國土叫做「一切珍寶所成就世界」。

《佛說大阿彌陀經》第二卷中則記載：阿彌陀佛身旁有二菩薩尊為第一；其一名觀世音，一名大勢至，常在佛側坐侍。佛與二菩薩對議十方世界未來、現在之事，佛欲使二菩薩往他方佛所，神足而往駛疾如佛；分身生此世界助佛揚化，於彼剎中不失現在。其智慧威神最為第一，頂中光明各照千佛世界；世間人民善男子、善女人，若有急難恐怖或值官事，一心歸命觀世音菩薩，無不得解脫者。

《大悲心陀羅尼經》中記載，佛陀告訴阿難：觀世音菩薩早已成佛，佛號「正法明如來」。專心稱念觀音名號，可以得無量福，滅無量罪，命終往生阿彌陀佛國。

綜上言之，觀世音菩薩常在阿彌陀佛身旁「助佛揚化」；因此，專心稱念觀世音名號，命終亦可往生阿彌陀佛的極樂世界。觀世音菩薩與阿彌陀佛的因緣很深，觀世音菩薩是阿彌陀佛的脅侍，也是阿彌陀佛的補儲（繼之成佛者）。

觀世音菩薩的法相非常多樣化。例如，〈觀世音菩薩普門品〉中提到，觀世音菩薩有大神力，能變現佛身、菩薩身、羅漢身、天王身、大將軍身、人王身、宰官身、比丘身、比丘尼身、童男童女身、婆羅門身、男女居士身、天龍八部、乃至人非人等種種應化身，隨眾生根性而予以度化。可見觀世音菩薩本身無一定法相，是隨眾生因緣而示現。

佛教初傳入我國，觀世音菩薩的法相都是丈夫相；隨著觀音信仰的深入，從南北朝逐漸被塑造為女性形象的法相，使其中國化。中國人根據佛經和民間傳說，分別塑造十一面觀音、千手觀音、滴水觀音、水月觀音、自在觀音、讀經觀音、乘龍觀音、白衣觀音、送子觀音等多種法相，為佛教藝術增添了另一番風貌。

在中國，觀世音菩薩與生子的因緣更是密不可分；所謂「送子觀音」、「觀音送子」等說法，反映了民間對觀世音菩薩靈驗奇蹟的傳說。之所以有這樣的感應，主要是來自《法華經．普門品》中所云：「若有女人，設欲求男，禮拜供養觀世音菩薩，便生福德智慧之男。設欲求女，便生端正有相之女，宿植德本，眾人愛敬。」對重視傳宗接代的中國社會裡，觀世音菩薩這樣的願力可說是眾生極為渴望的。

觀世音菩薩的信仰，深植於華人心中，影響深遠。不只是佛教，就連道教、一貫道和民間信仰等，都信仰觀音大士；主要便是由於觀世音菩薩的悲願宏深，感應廣大。在佛教的史傳中，關於觀世音菩薩的應化及靈感事跡，不勝枚舉，在此不加贅述。

綜上，觀世音菩薩是家喻戶曉的菩薩，正如俗諺云：「家家彌陀佛，戶戶觀世音」。觀世音菩薩是諸佛慈悲心的化現：所謂「慈」為與樂，也就是給與眾生安樂；所謂「悲」意為除苦，也就是除去眾生痛苦。信仰觀世音菩薩，便是要學習其慈悲心，為眾生拔苦與樂；如此也自然容易與觀世音菩薩感應道交，得到觀世音菩薩的加持。

「大悲咒」等修法

常跟觀世音菩薩相伴出現，而常為信眾們所持誦的，便是「大悲咒」。其詳名為「千手千眼觀世音菩薩廣大圓滿無礙大悲心陀羅尼經大悲神咒」，出自《千手千眼觀世音菩薩廣大圓滿無礙大悲心陀羅尼經》（唐朝伽梵達磨三藏法師所譯），是觀世音菩薩《大悲心陀羅尼經》中的主要部分，共有八十四句。相傳，這是感應觀世音菩薩的大慈悲心、無上菩提心，以及濟世度人、修道成佛的重要咒文。

佛弟子常以念誦大悲咒做為日常的修持法門。佛弟子常在觀世音菩薩佛像前，供奉淨水，念誦大悲咒若干遍（如四十九遍），成為大悲咒水（大悲水）；

此水可以用來灑淨（驅除邪祟等），或給病人飲用等功用。迄今很多寺院（如承天禪寺），每月舉辦一次《大悲懺》的共修。

《大悲懺》，原名《千手眼大悲心咒行法》。「千手眼」指的是千手千眼觀世音菩薩，「大悲心咒」就是大悲咒；「行法」二字則說明這部經典不只是一般經文，而是記錄「修行的方法」。這是北宋四明知禮大師（天台宗十七祖）依據《大悲心陀羅尼經》而制作的三昧行法，主要是根據天台宗六祖湛然大師的《法華三昧行事運想補助儀》，區分為（一）嚴道場、（二）淨三業、（三）結界、（四）修供養、（五）請三寶諸天、（六）讚歎伸誠、（七）作禮、（八）發願持咒、（九）懺悔、（十）修觀行等十科。一般而言，依《大悲懺》行法，可以獲得富貴、官祿、除病和滅罪等利益。

其滅罪的思想，如經文所示：

一切罪障悉皆消滅，一切十惡五逆，謗人謗法，破齋破戒，破塔壞寺，偷僧祇物，汙淨梵行，如是等一切惡業重罪，悉皆滅盡。

就算再重的罪行，如果能如法誦持「大悲心咒」，都能消滅淨化。當然，其前提是，修懺或行懺者自身須誠心懺悔才行。

此外，關於觀音法門的修持，尚有人專修觀世音菩薩「六字大明咒」——嗡（唵）嘛呢貝（唄）美（咩）吽（梵語 Oṃ Maṇi Padme Hūṃ），是諸佛的悲智顯現於聲音，包含佛法中八萬四千法門的精髓。

六字大明咒的六個種子字可以淨化六種煩惱（即貪、瞋、癡、憂、嫉、愛），防止再投生於六道輪迴，並圓滿六波羅蜜（即布施、持戒、忍辱、精進、禪定、般若），證悟本具的佛性。其主要意涵，乃在於藉由結合慈悲和智慧的修行，將不清淨的身語意轉化為清淨的身語意。

到了明朝，觀世音菩薩的《千手千眼大悲心陀羅尼經》更趨盛行，其主要的原因是因為當時的皇帝提倡。尤其是明成祖在永樂九年（西元一四一一年）撰寫了〈御製大悲總持經咒序〉。當時一般信眾奉持此經的行法，主要是祈求富饒、官祿、除病等三種利益；蕅益大師則常結壇禮《大悲懺》，藉此行法，祈求滅除罪業及求生淨土。

綜上，大師的父親持誦「大悲咒」十年，晚上夢見觀世音菩薩來送子，因而生下大師。由於與觀世音菩薩的特殊因緣，大師幼年時期除了茹素以外，也曾在夢境中得到觀世音菩薩的感召。

中國古代許多高僧大德出生之前，父母親都有這類的異夢的記載；而大師不只出生前父母曾夢到觀音送子，自己在年幼時也能與觀世音菩薩有這樣的感應道交，殊為難得。

因為大師與觀世音菩薩感應道交，出家後便常受持「大悲咒」。他在持「大悲咒」的發願文中提到：「我本仰承咒力生」。闡明自己是因為父親持誦「大悲咒」的功德，而夢見觀世音菩薩送子；所以，當他弘揚淨土法門的時候，除了信願持名念佛外，也常鼓勵大眾持誦「大悲咒」做前行的修持。

大師一生誦咒的加行有十幾次，也顯示跟觀世音菩薩因緣很深。大師一生並常行禮懺法，奉行最多的懺法就是《大悲懺》。

【註釋】

註一：《八不道人傳》的「八不」，根據大師的註解，是指取《中論》的「八不」和《梵網經》的「八不」的意旨；然而，尚有另外的意涵。大師如是說：古者有儒、有禪、有律、有教，道人既蹴然不敢；今亦有儒、有禪、有律、有教，道人又艴然（慍怒貌）不屑，故名「八不」也。

也就是說，自己不敢妄言如同古代名副其實的儒家、參禪者、持戒者和弘教者，但也不是現代虛有其名的儒家、參禪者、持戒者和弘教者，所以自稱為「八不道人」。

至於《中論》的「八不」是指：不生、不滅、不斷、不常、不一、不異、不來、不出。

《梵網經》的「八不」則是：不生、不滅、不常、不斷、不一、不異、不來、不去。

第二章　研習世學

就外傳，闡聖學，拘虛於程朱。開葷酒，作論數十篇，闢異端。閱《自知錄》序及《竹窗隨筆》，乃不謗佛。自心者，三教之源，三教皆從此心施設。

大師宿世的善根，因而能夠出生在佛教家庭，並且小小年紀就茹素；但是，他少年時卻曾撰寫闢佛論批評佛教。

是什麼因緣，讓他轉而跟著一般百姓吃肉喝酒，又撰寫幾十篇闢佛論批評佛法，甚至立誓消滅佛道呢？（註一）

造「闢佛論」

十二歲那年，父親帶著大師到外地拜師求學，大師開始接觸當時的學術思想。其自述，幼年時期拘泥於程朱學派（程頤和朱熹這一派的新儒學——理學思想）。

大師的《靈峰宗論》不只一次提到：「余少時亦拘虛於程朱。」或「余昔拘虛程朱之學。」大師少年時期，老家一帶是以「程朱理學」為主流；開始求學時，當然會接觸到程朱學派的思想。因此，大師最初的啟蒙老師很可能是程朱一派的門人。

大師在啟蒙老師處學習聖賢書，便以承續古聖先賢的聖學為己任，特別注重「居敬慎獨之功」以及「致知格物之要」，這正與程朱學派的學者劉宗周的思想相吻合。如劉宗周在《格致大學古記約義》中提到：「其要旨歸於慎獨，此格物之真下手處。」

大師雖讀聖賢書，卻沒有當官的意圖；因為，他抱持著「天子不得臣，諸侯不得友」的想法，此正是另一位儒者顧憲成的主張。明末的科舉制度頗為腐敗，考生大都沒有真才實學；而真正具備學問的人，往往不願參與科舉考試。想必大師少年時期的想法也是屬於這類型。

明神宗萬曆年間發生「東林黨爭」事件，是史上著名的文字獄。所謂「東林黨」，指的是接近程朱一派的理學思想者，他們聚會的地點在東林書院，就是大師的故鄉——無錫。因此，同樣是無錫人的大師，幼年時期自然也受到程朱學派的薰陶。

綜上所言，大師的啟蒙老師，極可能是程朱學派中劉宗周的證人書院之門人，或顧憲成的東林書院之門人。

接觸程朱學派的思想，為何會讓一個出身佛化家庭的孩童，由茹素變成酒肉不拘，甚至立誓維護儒家道統，著書闢佛教和道教的思想呢？

判。

大師之所以會有如此轉變，主要原因乃在於程朱對於佛、道兩家思想的批判。

儒道佛三家的糾葛由來以久；不過，因為程朱學派對於佛教與道家的批評往往失之偏頗，不免產生一些質疑的觀點。

其中的觀點之一是：程朱思想雖仍是以儒學為基礎，但融合了老莊和佛學思想，發展成宋明理學的一支；但因為融合佛法和道家的某些要義，為了避免別人譏諷他們的思想與佛法或道家相似，所以先下手為強，反過來大肆批評佛教和道家。換言之，意即程朱學派其實是打著孔孟的學說，排斥佛道並輕視漢儒，尤以朱熹最為激烈。

朱熹在《朱子語類》提到，佛教和道家的思想都是出於「自私」的動機，出自一己之私的「貪生」和「怕死」，而且都是廢除三綱五常、滅盡人倫，禪宗更是連義理都滅盡。

朱熹認為，佛教徒只是口頭說說教理，並沒有力行於日常生活；一直到禪宗六祖惠能大師，才教人落實於日常生活。這段話主要是強調佛家只是談論義理，而缺乏實踐，藉此突顯宋儒的優越。

從《朱子語類》中可以看出，朱熹極力批判佛法；然而，其實他只是就他自己認為的佛教進行批判，而非真正佛教的本義。佛法非常博大精深，蘊藏宇宙人生的奧妙於其中，非是泛泛之輩所能理解，如憨山大師說：「依文解義，三世佛怨；離經一字，如同魔說。」佛法包含教功德和證功德，須經聞思修修證而成；若只是以一己之思惟去詮釋佛經，往往會有所偏差。

佛法可分為波羅蜜多乘（顯乘）和金剛乘（密乘），波羅蜜多乘又分為小乘和大乘。而其修行的動機，小乘是以「出離心」，大乘是以「菩提心」，密乘尤其以「殊勝菩提心」為其動機。即使是小乘的阿羅漢，在其一生中也利益很多眾生，更遑論大乘和密乘的修行者（菩薩是不為自己求安樂，但願眾生都離苦），對眾生的利益不可思議。因此，不論顯乘或密乘行者，都不是以朱熹所說的「自私」為動機，當然也沒有朱熹所說的「貪生」、「怕死」或「滅人倫」等問題，反而是超越生死，自利利人。

我們看佛陀的一生，不分種族貴賤，平等利益眾生。佛陀為報母恩，上忉利天為母親摩耶夫人及天人宣說《地藏經》。在《佛說淨飯王般涅槃經》中則記載：佛陀的父親淨飯王病重時，佛陀在床邊為父說法，於是淨飯王證得聖果，永斷輪迴之苦；淨飯王過世出殯時，是出家的釋族為其抬棺木送終。只要深入佛法者，都會了解佛法不是「滅人倫」，而是積極報答父母恩及眾生恩，究竟引導父母及一切眾生離苦得樂。

佛教在東漢時傳入中國，儒家思想逐漸受到佛教思想的影響，融合部分佛學思想於儒學中。同樣地，佛教也融合部分儒學和道家思想於佛學中，形成「佛教中國化」，以便在中國這片土地上生根。

因此，長期以來，一般民間信仰的宗教不是全然的道教，也不是全然的佛教，而是佛道融合的民間宗教。宗教之間，彼此互相尊重與學習，吸收對方的優點，各自保有自己的宗義，並非壞事，而能讓彼此更臻於完善，並且更符合當地人的需求（本土化），毋須為了私慾或競爭，而互相攻訐，甚至迫害；若是不然，便會失去宗教原本善良的本質，以及提升人類價值的本意。

簡言之，程朱學派融合了佛教思想於其義理中，卻又大肆批判佛教。不難想像，當時才十二歲的孩童受到這種思想的衝擊，會因此被誤導，進而作闢佛論批評佛法，立誓消滅釋老。

我們也可由此省思：教導孩童的師長和學習環境，對孩童有相當深遠的影響，必須慎重地選擇合適的師資和環境。

蕅益大師原本是懷抱赤子之心的孩童，受到程朱的理學思想薰陶，雖然想繼承古今聖人的道統，但面對當前腐敗的政局和動盪不安的社會，在理想與現實的差距下，難免會憤世嫉俗；不但開始吃肉喝酒，甚至作了幾十篇闢佛論，批評佛法，立誓消滅佛道（釋老）。如大師在〈梵網合註序〉中提到：「智旭幼崇理學，即以千古聖賢道脈為己任；但恨障深慧劣，往往執東魯而謗西乾。」日後，大師為此深感懊悔。

在這段求學期間，大師醉心研究老師傳授的學問，勤奮之餘還夢見自己和孔子、顏淵（孔子最讚賞的弟子）交談甚歡。

反邪歸正

大師深受程朱理學的薰陶，想要繼承聖人的道統，連夜間都夢見自己和孔子、顏淵交談甚歡。大師又遇到了什麼因緣，令大師改變想法，不但停止誹謗佛法，而且積極學習佛法呢？

大師在〈得戒和尚雲棲大師〉一文中提到：

旭少為邪師所誤，力詆三寶；聞蓮池大師《自知錄》序，始轉邪心。

大師年少時因受程朱思想所害，而誹謗三寶；十七歲時，他讀到蓮池大師的《自知錄》序文，馬上改邪歸正，停止誹謗三寶。

蓮池大師的《自知錄》和《竹窗隨筆》二書，清楚闡述儒釋道「三教同源」

的思想，令大師知道是自己的學識淺薄，未了解佛、道二家的真義，就妄加批評。（註二）

一發現是自己的所學未精通，因而誹謗佛、道教，大師立刻就把以前寫的幾十篇誹謗佛、道教的文章，一把火全部燒掉。

值得一提的是，大師並非從此時立刻「棄儒學佛」，而是佛法和儒學一起研究。

在二十歲的時候開始註解《論語》。註解到《論語》〈顏淵問仁〉一章，對於「天下歸仁」的意義不甚了解，所以沒辦法下筆。大師三天三夜廢寢忘食，不斷地推敲琢磨「天下歸仁」的真意。

三天後，突然領悟到「孔學心地」的法門——這個心地法門就是「仁德」二字。（註三）一旦能做到「克己復禮」，一切日常生活都按照禮法的規則，我們就會具備「仁德」的修持，「仁德」的修持則須從自己做起。領悟到仁德是由自己開始做起，大師不但有很大的感悟，而且對日後出家、擇友和著作經典都有很大的幫助。

大師對「天下歸仁」的領悟，豁然開通心中的兩個疑點。第一是聖人所證的其實就是心地法門，而且是從自己的心地做起；第二是道統的傳承，並非代代相授，而是為證所傳，自己實際證悟法義才能沒有錯謬地傳承到後代。

三教同源

什麼是「三教同源」的思想？竟然有如此大的威力，讓大師立即停止謗佛，並且積極學佛？

「三教」是指儒、佛、道三教。儒家的創始人是孔子，其核心思想是仁和禮。道家的創始人是老子（或加上莊子），主要以「道」為宇宙萬物的本源，也是宇宙萬物賴以生存的依據。佛教的創始人是釋迦牟尼佛，主要以「無害行」和「緣起見」為核心思想。

儒、釋、道在歷史發展的過程中都先後宗教化；由儒、釋、道各自的學說、哲理演變成一種宗教理論，從而形成儒、釋、道三教。

「三教同源」思想則是認為，儒、佛、道三教的義理並非完全相悖，而是能相互包容和相互融合。儒家最高成就稱為聖人，佛家最高成就稱為佛陀，道家最高成就稱為至人、神人（莊子）；聖人、佛陀和至人都是由人修成而非天生聖明，表示三教都認為人可藉由自身之修為而達至極高之精神境界。由此觀之，儒、佛、道三家實是人類生命智慧的結晶，亦涵蘊了甚深的宇宙及人生之道。

儒、道二教是中國本土的智慧結晶；佛教則起源於印度，於東漢時傳入中國，逐漸在中土傳開，廣受世人的崇信。漸漸地，佛教與發展於中國本土的儒教和道教，互相磨合、融合；歷代多位君主和三教的代表人物，幾乎都有三教同源說的傾向。

在魏晉南北朝三教漸趨融合的局勢，梁武帝蕭衍篤信佛教，他在〈舍道事佛文〉提到，道有九十六種，唯佛一道是正道，其餘九十五種名為邪道。他認為佛祖如來和老子、孔子是師徒關係，儒、道二教來源於佛教；佛教為黑夜之明月，儒、道即拱月之星。其「三教同源」的主張偏向以佛教包容儒、道二教，有貶低儒、道的意味。

王重陽（西元一一一三至一一七〇年），南宋人，道教全真派創始人。提倡儒、釋、道三教同源，普勸世人讀佛門的《般若心經》、儒教的《孝經》、道家的《道德經》和《太上老君常說清淨經》。他認為，修道者的真師是自己的心神，類似佛教認為每個人都有佛性；如果慈悲清淨，就可以頓悟。他吸收佛教禪宗，以打坐為修行方法，視酒色財氣為修道的大敵，主張不立文字，不從表面的字義解釋道教玄理，以免受文字的束縛。

後漢牟融（生年不詳，卒年西元七九年，曾擔任東漢太尉）的《理惑論》、宋代契嵩大師（西元一〇〇七至一〇七二年，北宋高僧）的《輔教篇》、宋朝張商英（西元一〇四三至一一二一年，曾任北宋宰相）的《護法論》、元代劉謐的《三教平心論》等，這些論述都是以佛教的立場而倡導三教融合，相得益彰。其用意是藉由接受儒家和道教的思想，來駁退儒、道二教的反佛論。

到了明朝尤為明顯。明太祖、成祖及明末四大師，都力倡三教同源的觀念。明太祖著有〈三教論〉和〈釋道論〉，推崇儒、釋、道三教並用的政策。他認為：三教雖然側重不同，但其出發點與最終目的是一致，對於國家的長治久安，三教相輔相成。

明太祖曾自制僧律二十六條，須於皇覺寺。其中一條提到，若是明經的儒士、雲水四海的高僧及能文的道士都可以留居僧寺，由政府供養；主要是鼓勵僧人也可以參考儒、道二教的法度，提倡三教互相交流。

明成祖朱棣（西元一三六〇至一四二四年）發起「靖難之役」(註四)，奪取皇位，得力於佛教名僧道衍禪師（姚廣孝，西元一三三五至一四一八年）的建議和策劃。即位後，成祖對佛教多有關照。

成祖時大量善書的編撰，說明三教合一的觀念得到朝廷的支持。成祖在

〈孝順事實〉，將儒家的孝道與道教的感應思想融合在一起。

此外，成祖敕撰〈為善陰騭〉，提倡「積陰德」的觀念，教化人民行善積德，也使儒、佛、道在「陰騭」的觀念趨於融合。

成祖嫡后徐皇后仁孝（西元一三六二至一四〇七年）是明朝開國功臣軍事統帥徐達（西元一三三二至一三八五年）的嫡長女，徐皇后撰著〈勸善書〉，是對成祖〈為善陰騭〉的回應，從而將儒、佛、道三教合一。

明朝中葉，王陽明的心學蔚然成風，也是吸收佛、道思想融合於儒學中；據研究，陽明學說或是採納佛教的真如心，也就是如來藏思想。他也主張佛教、道教跟儒家是一致的。

蕅益大師在〈儒釋宗傳竊議〉一文中提到，陽明學說的「致良知」雖說以孔顏的思想為基礎，但已經融入佛教的思想於其中。

大師認為，王陽明有時候會批評佛教，主要是他所處的時代背景；當時的儒教學者會批評佛教是不得已，而非其本意。從王學的門人很多都崇信佛教，可以看出王陽明並非真心排斥佛教。

明末四大師也主張三教同源，但觀點不盡相同。如憨山大師曾說：「三教聖人，所同者，心；所異者，跡也。」又說：「不讀春秋，不能涉世；不讀老子，不能忘世；不參禪，不能出世。」說明儒、佛、道三教相輔相成。

在《憨山老人夢遊集》中〈觀老莊影響論〉和〈道德經解發題〉有提到三教同源的論說。憨山大師主要從法界真心開演出萬法，以此觀點詮釋萬法同源和三教同源的義理。此外，憨山大師對《莊子》的評價極高。

紫柏大師亦認同「三教同源」的觀點。他認為，儒家的顏回和道家的老子，都主張忘卻肉體的執著，都是東方的聖人；不過，他們的忘我境界只是前五根的作用暫時止息，第六根的意識活動仍未止息；而釋迦牟尼佛則是六根都止息，永出輪迴。

從《竹窗隨筆》和《自知錄》可以看出蓮池大師認同「三教同源」的看法。他認為：

> 有聰明人，以禪宗與儒典和會；此不惟慧解圓融，亦引進諸淺識者，不復以儒謗釋，其意固甚美矣。

也就是說，有智慧的人，會將禪宗的語錄與儒家的典籍融會貫通，而不會互相誹謗。然而，三教仍各有自己的教義，並不是所有觀點都一樣。

蕅益大師的想法，則可由〈金陵三教祠重勸施棺疏〉一文中看出：

> 儒以之保民，道以之一疵癘於物，釋以之度盡眾生，如不龜手藥、所用有大小耳。故吾謂求道者，求之三教，不若求於自心。自心者，三教之源，三教皆從此心施設。

大師闡明，儒、道、佛三教無非都是自心所顯現的，主要是「現前一念心」；大師又從十個方面去對比佛教教義與儒學，結果顯示兩者同歸一轍。他也認同「三教同源」的觀點，對儒家的孔子和顏回極為推崇，對道家的老子和莊子都給予正面評價；但是，其肯定的只是道家的哲學思想，並不包含民間信仰的道術方士之思想。

綜而言之，四大師皆曾提出三教同源、延儒入佛和以佛教詮釋儒學的主張。例如，大師四十九歲時完成《四書蕅益解》，是對《論語》、《孟子》、《中庸》和《大學》的註釋。大師作此書的原意是為了幫助徹因法師對禪觀的修習，藉由儒家的典籍，闡釋佛教的第一義諦。而憨山大師注解的《老子》與〈莊子〉，與蓮池大師所著《竹窗隨筆》的《莊子》三篇，都使佛教思想與道家義理完美合璧。

道教的袁了凡（西元一五六八至一六一〇年）所著的《功過格》，曾普遍為世人採用；蓮池大師則以《太微仙君功過格》為基礎編制了《自知錄》。直到現在，《功過格》的修持方式仍為佛弟子所奉行，這也是三教互相融合的表徵。

而明代儒學者（理學家）雖排斥佛、道二教，但也都承認佛、道二教與儒學有共同點。

總而言之，明朝上至君王，下至儒、釋、道的學者，都或多或少認同三教彼此之間有共同處。正因如此，儒、釋、道三教在中國這片土地上，歷代雖然遇到各種的衝擊和考驗，但仍彼此互相學習、融合，吸收對方的優點，又保有自己的教義，創造多元的中國文化。期望未來彼此能互相尊重和互助合作，以發揮宗教真正的功用，共同提升人類的價值。

以上為大師青少年時期求學的背景與生命歷程。十二歲受啟蒙老師灌輸「程朱理學」的影響，立誓要發揚儒學、批判佛法。直至十七歲看到蓮池大師的《自知錄》序文及《竹窗隨筆》，對「三教同源」的觀念有初步的認識，自知昔日闢佛的過失，痛改前非，並開始了學習佛法的因緣。

【註釋】

註一：提到闢佛論，自然會想起韓愈的〈論佛骨表〉。韓愈不是第一位排斥釋老、書寫諫表的文人，但他差一點因為上諫反對迎佛骨而遭殺身之禍。

原本只是佛教界三十年一次的盛事，卻因為韓愈這篇諫表，讓這件事成為佛教史有名的公案，更將韓愈一生反佛道事業推到最高峰。

在唐憲宗元和十四年（西元八一九年）一月，適逢三十年一度打開法門寺護國真身塔內的釋迦牟尼佛指骨（這是佛中指骨的一節，「骨長一寸八分，瑩淨如玉，以小金棺盛之」）迎請到京城供奉的盛事。皇帝令中使杜英奇率宮人三十人，持香花前往臨泉驛迎請佛骨，從長安光順門入大內，留禁中三日，再送去各寺供養。王公貴族蜂擁前來瞻禮供養，許多老百姓燒香燃臂祈福。

韓愈（官任刑部侍郎）對此頗不以為然，上〈論佛骨表〉，引起軒然大波。皇帝閱後大怒，下令要處以極刑。幸得宰相裴度、崔群等力保，最後貶為廣東潮州刺史。隨著韓愈下放至潮州，此風波也告一段落。

近代高僧印光大師（簡稱印祖）在其著作《印光大師文鈔論集》提到，自己十五歲的時候立志求學；他沒有去學堂，而是自己學習儒家的典籍。

印祖認為自己多生累世未種善根，福報薄弱、智慧淺陋、業障深重，所以沒有遇到開示佛法或聖學的善知識，也沒有聽聞到儒家孔孟的心法——聖賢傳薪之道，反而是一讀儒家的典籍就中了韓愈、歐陽修等人闢佛知見的毒害。

印祖經過數年的深思熟慮後，改變原來錯誤的觀念，並做出驚人的決定——出家為僧。他出家修行，是為了延續佛法的傳承、住持佛法和弘揚佛法。

註二：蓮池大師以《太微仙君功過格》為基礎，編纂而成《自知錄》。他認為，人最大的問題就是不了解自己，如果我們知道某種行為是壞事，會害怕不做；知道是好事，便會歡喜而樂意做；但是，如果不知道那是壞事或好事，就不知道什麼事不可以做或什麼事可以做。因此，他將之編輯改名為《自知錄》，對於我們日常所做的大小事情都有評分，分判某事屬於善還是屬於惡；如果是善，算是多大的善；如果是惡，算是多大的惡，藉此作為個人處事的基準。

《竹窗隨筆》則為蓮池大師對於修學佛法的觀念，以及對於禪淨法門與儒道獨特的見解。平常遇到的各種因緣，所見或所聞有所啟發或感悟時，立即提筆記錄；直到晚年，內容相當豐富。此書收錄蓮池大師隨感提筆記錄的短文共四百二十七篇，包含《初筆》一百六十一篇、《二筆》一百四十一篇、《三筆》一百二十五篇。

此書記錄蓮池大師的求道經過、見聞，詳加說明禪、教、淨的正確知見，以及對佛儒融合的見解。對於念佛與參禪、儒家與道家、世法與佛法，都有其精闢獨到的辨析，對於時下有些錯誤的觀念也予以導正，對於念佛、參禪、學佛、學儒、學道等方面都有很大的啟發，並有助於修學者建立正確知見，非常值得參詳。

註三：儒家以「仁」為核心思想。至於如何才是「仁」呢？在此舉《論語・顏淵第十二》之「顏淵問仁」為例——

顏淵問仁。子曰：「克己復禮為仁。一日克己復禮，天下歸仁焉。為仁由己，而由人乎哉？」

顏淵曰：「請問其目？」

子曰：「非禮勿視，非禮勿聽，非禮勿言，非禮勿動。」

顏淵曰：「回雖不敏，請事斯語矣。」

簡言之，孔子認為，能夠克制、約束自己，使言行舉止都回歸於禮，這就是仁。如果能夠切實做到克制自己，人我關係皆以禮相待，天下就會歸於「仁」。實踐仁德乃是從自己做起，而不是由於他人的要求或強制。

顏淵又問，實踐仁德的條目是什麼？

孔子回答：不合禮的事不要看，不合禮的話不要聽，不合禮的話不要說，不合禮的事不要做。

在此，孔子給顏回的說法為，「仁」是「禮」密不可分的；不僅要克己，還要復禮才行。

在同一章中，對不同的學生，孔子對「仁」的說法又有不同——

樊遲問仁。

子曰：「愛人。」

不過，孔子在此並未對「愛人」二字有進一步的解釋。

註四：「靖難」之役或靖難之變乃是明代皇室自家的奪權之戰。洪武三十一年（西元一三九八年）明太祖去世；因為太子朱標早逝，其子朱允炆孫繼位，為明惠帝。惠帝為了加強中央集權，採納齊泰、黃子澄的建議，對各地諸王實行「削藩」政策，先後削去周王、齊王、湘王、代王及岷王五位藩王，並在北京周圍部署兵力，準備削除諸王中勢力最為強大的燕王朱棣。

燕王朱棣知道自己將成為「削藩」政策下的犧牲品，在謀士道衍禪師（姚廣孝）密勸下，於建文元年（西元一三九九年）七月以「清君側」（指惠帝身邊的齊泰和黃子澄等人）之名義起兵，自稱為「靖難」（意謂「平定禍亂」）。歷經三年，後來燕王決定直趨京師。建文四年，燕軍先後在靈壁（今屬安徽）等地大敗官軍，六月渡長江，直攻京師南京城，守軍迎降。宮中起火，惠帝下落不明。燕王即位，為明成祖，年號永樂。

第三章　決意出家

師二十歲喪父，聞地藏本願，發出世心。二十三歲聽大佛頂經，決思離俗。二十四歲一月中，三夢憨師，乃從雪嶺峻師剃度。

前面提到，大師閱讀過蓮池大師的《自知錄》序文及《竹窗隨筆》後，知道儒釋道「三教同源」的思想，對自己誹謗佛法深感後悔，自此開始學佛。

大師未出家前，是以信仰觀世音菩薩與地藏菩薩為主；在他的著述中，曾多次提到，自己是仰仗觀世音菩薩的咒力而出生，從小就與觀世音菩薩感應道交，自覺觀世音菩薩就像慈母般守護著他，不曾遠離。然而，是什麼因緣，導致大師走向出世的道路呢？

父親往生

大師在二十歲這年，除了領悟「孔學心地」的法門，對他個人立身處事有很大的影響外，同年還發生一件大事，就是他的父親突然生病；大師至誠禮拜《藥師經》（註一），為求父親得以延壽。

但是，沒過多久，父親還是往生，讓他感到人生的無常。雖說當時大師對儒家的核心思想——仁——頗有體悟；然而，他認為，儒家思想對此世的立身處事有很大的幫助，對於往生者卻沒有用處。

由於大師已經學習一些佛法，所以恭誦《地藏菩薩本願經》為父親超薦。大師看到地藏菩薩的本願：「地獄未空，誓不成佛；眾生度盡，方證菩提。」內心受到很大的感動。大師認為，地藏菩薩的修道因緣是從孝心為出發點，引發對一切眾生的悲憫，乃至發願要廣度一切罪苦眾生。（註二）

地藏菩薩的悲願激發起大師出世之心；為了報答父母及眾生的恩惠，大師萌生了出家的念頭。

隔年（二十一歲，西元一六一九年），大師結壇水齋持大悲咒；內心懷著喪父的哀痛，以及為了祈求母親可以延年益壽，他恭敬書寫《慈悲藥師寶懺》（註三）。這年，大師再次茹素（戒葷酒）。

二十二歲（西元一六二〇年）開始一心念佛，並將以前十年寒窗苦讀所寫下的兩千多篇文稿，付之一炬。

決意出家

二十三歲這年（明天啟元年，西元一六二一年），大師聽到《大佛頂首楞嚴經》（註四）中「世界在空，空生大覺」（法界本來空寂，從空寂中生出大覺性），對於「何故有此大覺，致為空界張本？」（法界本來空寂，因為此一覺性作為根源，乃至生出眾生及一切法。然而，世界既然本空，又為何會生出此一覺性呢？）產生疑惑，又因自己嚴重地昏沉散亂，不能專注參究，故百思不得其解。

為了消除這個的疑惑，他決定要出家，全心修行來體究佛法的奧祕，這是大師真正決意要出家的時機點。

時值熹宗天啟元年（西元一六二一年）七月三十日，大師（當時乃居士身，名為大朗優婆塞）為了能夠圓滿順利出家，在佛前發四十八願——

稽首三身圓滿尊，一切真如覺性海，稱彼法界等虛空，種種莊嚴大願海。果因交徹不思議，菩薩一切修行海，亦禮阿彌陀如來，觀音勢至及地藏。我為慈親罔極恩，遍憫一切眾生界，發生如實增上心，修行念佛勝方便。深信淨土攝受門，廣大誓願普皆被，妙戒為舟智慧舵，方便為帆佛力風。盡未來際渡眾生，終不一念捨五濁，諸佛願海如帝珠，攝於我願重重現。我願亦如摩尼王，諸佛願海悉皆攝，願輪橫遍於十方，亦復豎窮於三際。一切智智之所乘，故我至心勤修習。

第一願，我本發心，上報慈父鐘之鳳生恩。願三寶力，令我無始慈父，咸生淨土，速證菩提。令聞我名者，亦報父恩。

第二願，我本發心，上報悲母金大蓮養育恩。願三寶力，令我無始悲母，咸生淨土，速證菩提。令聞我名者，亦報母恩。

第三願，度法界眾生成佛竟，方取泥洹。

第四願，我淫機身心俱斷，斷性亦無。令聞我名者，永斷淫根。

第五願，我殺害業習，滅盡無餘。令聞我名者，遍生慈力。

第六願，我癡暗謗三寶業，滅盡無餘。令聞我名者，正信三寶。

第七願，我諸不善業，悉得清淨。令聞我名者，安住梵行。

第八願，我決生極樂世界，速證無上菩提，分身塵剎，盡未來際，度生無厭。

第九願，我生生不忘本願，於五濁世，善化眾生。

第十願，我處處宏通正法，無諸魔障。

十一願，得無量智慧，達一切佛法。

十二願，得無量辯才，開迷降外，一切無畏，如獅子吼。
十三願、得無量神通，遍十方國，承事如來，及善知識，一切海會，無不得與。
十四願、我能出種種妙音，盡未來際，贊歎三寶，令眾生知所歸依。
十五願、隨意出生種種妙供，供養三寶，為眾生作大福田。
十六願、隨喜一切眾生所有功德，令成無上菩提。
十七願、十方如來成正覺時，我先勸請，轉大法輪，開示眾生，無上覺路。
十八願、十方如來般涅槃時，我悉勸請，莫入涅槃，常住世間，饒益含識。
十九願、一切海會，推我為大法王子，佛讚我功德智慧，慈悲願力，如觀世音、地藏王，等無有異。
二十願、以大悲光，照諸地獄，觸我光者，應時變諸苦事，悉成妙樂。
二十一願、以大悲光，照諸餓鬼，觸我光者，應時捨身，得淨土生。
二十二願、以大悲光，照諸畜生，蒙我光者，離諸怖畏，捨身之後，得淨土生。
二十三願、以大悲光，照諸鬼神，蒙我光者，悉捨瞋心，開悟佛道，捨諸醜陋，得清淨身。
二十四願、以大悲光，照諸苦惱眾生，蒙我光者，疾病消除，六根具足，厄難恐怖，悉皆解脫，無病延年，發菩提意。若臨命終，即生淨土。
二十五願、以大悲光，照有形無形，有想無想，及諸魔外，令其身心，捨諸邪見，通達佛乘。
二十六願、以大悲光，照觸人天，令不迷欲樂，及欣厭定，勤求無上菩提。
二十七願、以大悲光，照聲聞緣覺，令捨無為，速趣佛乘。
二十八願、以大悲聲，令一切眾生，決定明悟，不戀三界，不樂餘乘，唯求無上菩提。
二十九願、以大悲神力，隨順眾生，種種所求，俾於我法，生深信心。
三十願、以救度眾生，故於十方現作佛身，或淨土攝取，或穢土調伏，方便無量。
三十一願、救度眾生，故隨類現身，一一類中，種族尊勝，威德自在，令諸同類，敬愛受教，直至菩提。

三十二願、以大悲方便，現於一切，無佛法處，法滅處，佛法不能行處，隱顯大化，為長夜燈，救拔沉冥，出於苦海。

三十三願、恆於眾生饑渴之時，現作飲食，疾疫現作藥草，寒作衣服，熱作涼風，險阻作津梁，一切所須，皆現作之。若服若食，若倚若履，咸得安樂，發菩提心。

三十四願、樂求佛乘眾生，聞我名已，不捨肉身，得佛菩提。

三十五願、莊嚴佛土菩薩，聞我名已，其國踰於極樂，欲現穢土，則得無量方便，善化剛強。

三十六願、令欲見諸佛土，聞法眾生，皆得見聞。

三十七願、令欲往無數世界，供養三寶眾生，一念之間，普得周遍。

三十八願、令欲生佛土眾生，聞我名號，即得隨願往生。

三十九願、令同我誓願眾生，速得無量智慧方便，威德自在。

四十願、令樂小乘眾生，速登聖果，即回心入菩薩乘。

四十一願、十方修行菩薩，聞我名號，直至菩提，永無魔事。

四十二願、十方魔外，聞我名號，即捨邪見，同歸正覺。

四十三願、以大悲心力，使五逆、十惡、四棄、八棄，當墮大獄眾生，知求哀懺悔，隨現勝妙色身，摩頂安慰，令罪根永拔，發菩提心。

四十四願、以平等大慈悲力，能滅謗我法，詈我名者，極重惡障，速趣菩提。

四十五願、我慈眼最極清淨，普視盡虛空界，乃至極苦處，悉令安樂，極惡眾生，悉令賢善。

四十六願、我印手最極莊嚴，於念念中，出一切供養雲、珍寶雲、衣服雲、眾具雲、飲食雲、醫藥雲、三昧雲、總持雲、辯才雲、光照雲，遍虛空界，盡未來際，利益眾生。

四十七願、我名號盡十方界靡不周遍，彼法滅處，我名不滅，恆令聞稱，悉得解脫。

四十八願、我色身最極微妙，以不可說不可說佛剎，極微塵數大人相，而自莊嚴。一一相有不可說不可說佛剎極微塵數隨形好，一一好有不可說不可說佛剎極微塵數光明，一一光作不可說不可說佛剎極微塵數色，嚴飾國界，演不可說不可說佛剎極微塵數聲，宣揚妙法。出不可說不可說佛剎極微塵數香華飲食，衣服眾具，普供一切。現不可說不可說佛剎極微塵數化佛，教化一切。一一佛有不可說不可說佛剎極微塵數諸化菩薩，一一菩薩有不可說不可說佛剎極微塵數殊勝莊嚴，一一嚴作不可說不可說佛剎極微塵數廣大佛事，一一事於不可說不可說佛剎極微塵數世界利益眾生。有見一佛事，則得見我微妙色身，見我身者，則能與我平等，則能速得成佛。

從大師的四十八願中，可以看出他隨學阿彌陀佛、藥師佛、觀世音菩薩、地藏菩薩、普賢菩薩等大菩薩廣發正願，普利群生；這些大願，充分展現「不為自己求安樂，但願眾生得離苦」的菩薩精神。

值得一提的是，大師所發四十八願中，第一、二願是上報父母之恩；除了此世父母的恩惠，還包括無始慈父和慈母，都能往生淨土，速證菩提；甚至僅僅聽聞到大師的名諱者，也報答其曾為父或母的恩惠。從第二十願到第三十二願中，與《妙法蓮華經．觀世音菩薩普門品》以及《大悲心陀羅尼經》中觀世音菩薩之願力也頗有神似；前面提過，大師的出生是「仰承大悲咒力生」。而大師出家的初心則來自於父親的往生，這些在大師的悲願中都可以看到深刻的影響。

其次，由第八願「我決生極樂世界，速證無上菩提」中可以看出，大師雖然在未來的歲月裡，曾歷經參禪、學戒、深究天台、弘揚地藏法門等各種法門修行上的轉變；但是，大師畢生修行的親身經驗，種種法門最終仍要匯歸於淨土。當然，於淨土證得無上菩提之後，仍要倒駕慈航，度化群生，也就是所謂「分身塵剎，盡未來際，度生無厭」，如第九願所云：「生生不忘本願，於五濁世，善化眾生」。

從這兩個願可以知道，大師在很年輕的時候就發大願：最終求生極樂淨土；成就後，生生世世不忘菩薩本願，於五濁惡世中，以大悲心度化眾生。大師所發的這種悲願——學佛之道，其影響一直延續到現代的兩岸三地，成為目前漢傳佛教淨土宗的修行模式。

三夢憨師

熹宗天啟二年（西元一六二二年），大師二十四歲，三度夢見七十七歲的憨山大師。（註五）

自從大師學佛以來，接觸當時佛學大師（憨山大師）的論著，對憨山大師非常景仰，可以說是憨山大師的粉絲。他非常仰慕憨山大師的德行，想要親近他；但是，從江蘇省吳縣到憨山大師所在的南華寺（廣東省曹溪）之間路途相當遙遠，當時的交通不便利，加上天災兵禍不斷，很難親臨拜謁。因此，日有所思，夜有所夢，只有相會在夢中。

第一次的夢境裡，大師一見到憨山大師，立刻頂禮下跪，並哭著告訴憨山大師說：「自恨緣慳，相見太晚。」憨山大師對他說：「這是苦果，應知苦因。」大師又對憨山大師說：「弟子志求上乘，不願聞四諦法。」憨山大師對他說：「且喜居士有向上志。雖然不能如黃檗、臨濟，但可如巖頭、德山。」黃檗（希運）、臨濟（義玄）、巖頭（全奯）、德山（宣鑑）皆為唐代的禪宗大師。

大師還想向憨山大師請教一些問題的時候，突然從夢中醒來。

在一個月中，三次夢到憨山大師，另外兩次的夢境卻並未清楚記載下來。這三夢憨山大師，種下大師從憨山大師的門人雪嶺法師座下出家的因緣。

由於剃度師雪嶺法師的引介，大師曾與憨山大師有過書簡的往還。隔年十月十二日，正是憨山大師的生辰日；當天晚上申時，憨山大師在曹溪南華寺端坐圓寂。因此，大師終其一生未能親炙憨山大師。

大師出家前，先發三願：一、未證無生法忍，不收徒眾；二、不登高座；三、寧凍餓死，不誦經禮懺及化緣，以資身口。又發三拌（被輕視或看不起而隨意丟棄）：拌得餓死、拌得凍死、拌與人欺死。從三願和三拌可以看出大師整副身心投入佛法的志向，也奠定大師日後修行的方針。

大師出家前，曾寫一首詩與叔叔道別，即〈將出家與叔氏言別〉一詩，詩中提到：「世變不可測，此心千古然；無限他山意，丁寧不在言。」

大師出家時，舅舅問他：「我的外甥決不屑成為一位普通的法師，將來必定成為一位大善知識吧！」

大師回答：「佛且不為，何況其他？」（佛都不做了，何況是其他的有名的高僧善知識呢？）

舅舅說：「既然如此，你何必要出家呢？」

大師回答：「只是為了要恢復我本來的面目。」

舅舅讚歎說：「太棒了！」

二十四歲，大師離開家鄉和老母親，因為仰慕並三夢憨山大師的緣故，想在其座前剃度，但因憨山大師在南華寺，路途甚遠，不便前往。於是，同年五月七日就近禮請憨山大師的弟子雪嶺法師剃度，出家為僧。

雪嶺法師給大師的法名為「智旭」，意謂希望大師將來智慧成就，如太陽般充滿光明，這光明能夠照破三界的黑暗，引領眾生走向一條光明的康莊大道。

除了「智旭」，大師曾用過十幾個別號，茲列常用的別號如下——

「西有」：大師在《西有寱餘》的序文中提到：「西有非所名，亦非號，祇西方有佛，標信現在說法。」意謂西方有尊阿彌陀佛，現在正在說法，表明深切的信心。例如，其撰寫《阿彌陀經要解》所用的署名即為「西有沙門智旭」。

「蕅益」：這是大師的自號，意即依循持名念佛，求生淨土，期盼能滋養七寶池的蓮根。也常自稱為「蕅益子」、「蕅益道人」、「蕅益沙門」。

「釋大朗」、「際明禪師」、「金閶逸史」：這三個名字是撰寫《闢邪集》所用的署名，乃是大師的俗名。「大朗」是他身為在家居士（優婆塞）時的法名；「際明」是他俗家名字；「金閶」是江蘇省蘇州的別稱，「金閶逸史」意為蘇州的隱士。《闢邪集》是針對天主教提出的批判；因大師以儒教的思想駁斥天主教，或許為了博得儒教學者的認同，便用在家的名號。

「方外史旭求寂」：這是撰寫《性學開蒙》（「性」指德性）所用的署名。「智旭求寂」與「智旭沙彌」是同義；因大師曾有一段時間，不敢以「比丘」（bhikṣu，有乞士、破煩惱、怖魔等意）自居，而退位為「沙彌」（śrāmaṇera，意為勤策男）。

「素華」：很可能是大師剃度時的內號，是同一時代或同輩的緇素（僧徒衣緇—黑色，俗眾服素—白色）稱呼大師。

「八不道人」：這是大師晚年的自號，謂自己不敢妄言如同古代名副其實的儒家、參禪者、持戒者和弘教者，卻也不是現代虛有其名的儒家、參禪者、持戒者和弘教者。

以上諸多字號都是大師在不同時機或情境所用的稱號。

綜觀以上所述，大師出家的遠因是由於父親往生，恭誦《地藏菩薩本願經》為父親超薦。大師看到地藏菩薩的本願，激發起自己為了報答父母的恩惠，想要出家的念頭。

大師出家的近因，則是因聽聞《大佛頂首楞嚴經》，不甚了解其意；為了消除疑惑，大師下定決心出家，深入經藏，探究佛法的奧義。於是，在雪嶺法師座前正式剃度，出家為僧。

簡言之，大師之所以出家，主要是基於究竟報答父母及眾生的恩惠，以及深入經藏探究佛理，以徹底解決自己和眾生的生死大事。

【註釋】

註一：《藥師經》是《藥師琉璃光如來本願功德經》的簡稱，梵文 bhaiṣajya-guru-pūrva-praṇidhāna-viśeṣa-vistara，又名《十二神將饒益有情結願神咒經》，唐代玄奘所譯《藥師琉璃光如來本願功德經》為流通最廣之版本。經文闡述藥師琉璃光如來在過去世行菩薩道時，為救度眾生而發十二大願：生佛平等願、開曉事業願、無盡資生願、安立大道願、戒行清淨願、諸根具足願、身心康樂願、轉女成男願、回邪歸正願、從縛得脫願、得妙飲食願、得妙衣具願；以及如何受持藥師法門的方法，讀誦《藥師經》之功德利益等。

《藥師經》是一部冥陽兩利的佛經；若是至心皈依，誦持《藥師經》、藥師佛聖號或藥師咒，最後將功德回向，不論在世或已往生者，都能以佛神力，眾苦解脫，諸根聰利，智慧多聞，恆求勝法，常遇善友，永斷魔罥，破無明殼，竭煩惱河，解脫一切生、老、病、死，憂、悲、苦惱，乃至成佛。

註二：地藏菩薩，梵語 Ksitigarbha，音譯為「乞叉底蘖婆」。因其「安忍不動如大地，靜慮深密如祕藏」，故名地藏。與觀音、文殊、普賢為漢傳佛教四大菩薩。其梵文名字原無「王」字，或為尊稱而加。

依《地藏菩薩本願經》，地藏菩薩前世為婆羅門女時，為了救母脫離地獄的因緣，看到地獄眾生的苦難，而在覺華定自在王如來塔像前，立誓發弘願：「願我盡未來劫，應有罪苦眾生，廣設方便，使令解脫。」也就是願未來一切生中，救脫一切罪苦眾生。

又地藏菩薩的前世曾為光目女時，為了救母脫離惡趣的因緣，在十方諸佛慈悲攝受下，為母發廣大弘願，求佛加被她的母親永脫地獄、下賤之苦。光目女在清淨蓮華目如來像前，立誓發弘願：

卻後百千萬億劫中，應有世界，所有地獄及三惡道諸罪苦眾生，誓願救拔，令離地獄惡趣、畜生、餓鬼等。如是罪報等人，盡成佛竟，我然後方成正覺。

也就是願救拔三惡道所有的眾生，直到他們都成佛後，光目女才成佛。

由於光目女廣大的願力，她的母親得以脫離惡道，並生於無憂國土，最後也將圓成佛果，度化眾生。

因地藏菩薩累世發廣大弘願，故又被尊稱為「大願地藏菩薩」。

在中國也有地藏菩薩應化的事蹟，發生於唐朝。當時中國的佛教十分興盛，依據唐朝費冠卿《九華山化城寺記》中記載，新羅國（位於今韓國）王子金喬覺（西元六九六至七九四年），頸部高起，骨骼奇特，身長七尺，力氣可抵百人。金喬覺王子來大唐留學，受到中國佛教的影響，歸國後，捨棄榮華富貴，出家為僧，法號地藏。

地藏比丘，攜白犬諦聽再度來華，在各地遊化數年後，於開元末年到安徽省九華山，看中九華山清淨地，找地主閔公勸募一袈裟所覆蓋地，閔公一聽立即答應。

地藏比丘將袈裟一展，覆蓋整座九華山；於是，閔公供養整座九華山。閔公成為地藏護法，其子隨地藏比丘出家，法名道明，為地藏的侍者。現在所見的地藏菩薩像，兩旁有一老者及少年比丘，即閔公父子。

地藏比丘從此安住九華山修行，直至唐貞元十年（西元七九四年）七月三十日入滅，世壽九十九歲。世人覺得，地藏比丘其實是地藏菩薩的化身，九華山因而成為地藏菩薩應化的道場，是中國佛教四大名山之一。

註三：《慈悲藥師寶懺》又稱《消災延壽藥師寶懺》，是由明末清初的見月律師依據《藥師琉璃光如來本願功德經》所撰成的懺法，循懺悔罪障為主要的修行法門，以增福延壽為旨歸。

此懺說明受持藥師法門的四種方法：一、持名禮拜；二、供養；三、誦經持咒；四、受持八關齋戒。

依此懺法至誠禮懺，可以去除眾生病苦厄難、為眾生求得現世安樂、增福延壽；其光遍照，能除幽冥眾生的業障，乃至引導眾生證得菩提。

註四：《大佛頂首楞嚴經》全名為《大佛頂如來密因修證了義諸菩薩萬行首楞嚴經》。相傳《楞嚴經》在印度被視為國寶經典，不准外傳。唐朝時，由印度高僧般剌密帝（諦）祕密攜至中國。由般剌密帝法師翻譯，宰相房融筆錄潤文，流傳很廣。

據說，早在隋朝，有位印度僧人到中國天台山拜訪智者大師，相談甚歡。印度僧人認為智者大師立空觀、假觀、中觀，弘揚天台教義，這三觀和印度的法寶《楞嚴經》之意趣相符。於是，智者大師在天台山華頂設置一個拜經臺，每天向西虔誠地禮拜十八年；雖未能如願，但已經種下善因。

《楞嚴經》被譽為大乘佛法的經中之王，是佛的真身、真身中的骨髓。經中闡述四種清淨明誨、二十五聖各述圓通及五十陰魔的境界，其作用是破邪顯正——破一切邪祟，顯真正三昧。

《楞嚴經》全經分為序分、正宗分、流通分三部分，共十卷。

第一卷為序分。講述此經說法因緣：佛遣文殊師利以神咒保護阿難，免受摩登伽女誘惑而破戒，並為其說明眾生流轉生死，皆由不知常住真心性淨明體，用諸妄想，故有輪轉。

第二卷至第九卷為正宗分。主要闡述「一切世間諸所有物，皆即菩提妙明元心；心精遍圓，含裹十方」，但是眾生不明自心「性淨妙體」，因此產生生死輪迴的妄相，並將所有魔障歸類為色、受、想、行、識等五十陰魔。為何將魔障歸類於五蘊？因為：魔從心生，心外無魔。第十卷為流通分。講述此經應永流後世、利益眾生等。

明末四大師都對此經極為重視，大力提倡。如憨山大師作《楞嚴經懸鏡》，蕅益大師作《楞嚴經玄義》、《楞嚴經文句》。

蕅益大師最初是以參禪者來受持《楞嚴經》教法；後來受到永明延壽大師的《宗鏡錄》影響，大師也將《楞嚴經》視為統合禪、教、律、密四宗或性、相二宗的根本經典。

註五：憨山大師，生於明世宗嘉靖二十五年（西元一五四六年），圓寂於明熹宗天啟三年（西元一六二三年），世壽七十八歲，僧臘五十九年。俗姓蔡，安徽全椒人。

憨山大師十九歲時，雲谷禪師為憨山大師開示出世參禪、明悟心地之法，憨山大師因此決志出家，禮請報恩寺西林和尚為其披剃出家，法名德清，專心參究生死大事。

神宗萬曆九年（西元一五八一年），憨山大師應慈聖皇太后（神宗生母）

之請，與妙峰、大方二師，於五台山啟建「祈皇嗣大法會」。法會圓滿後一年，果然有皇太子出生。虔信佛教的慈聖皇太后，供養憨山大師大藏經和銀錢。

神宗萬曆二十三年（西元一五九五年），憨山大師五十歲，因受朝廷宦官內鬥的拖累，以莫須有的罪名，被發配到廣東雷州充軍。十六年後，恢復自由；雖蒙冤流放，不曾有怨懟。日常生活不離著述、說法，曾發動大眾合力掩埋因饑荒疫癘橫死者的骨骸，並親自主持超薦法會。

憨山大師精通釋、儒、道三家學說，主張三教同源的思想。宣導「禪淨雙修」，教人念自性佛，其思想見解與禪宗六祖惠能大師相契。晚年重要事蹟為中興禪宗六祖惠能大師的曹溪祖庭南華寺。

熹宗天啟三年（西元一六二三年）十月十二日申時，憨山大師以七十八高齡端坐示寂於南華寺的禪堂。遺言是：「大眾當念生死大事，無常迅速，切實念佛。」

綜觀憨山大師一生，無論順逆窮達，都不失僧格，不忘護國護教、利濟群生的本懷。

第四章　青年時期的修行和弘化

二十五歲坐禪徑山。至夏，身心世界忽皆消殞；因知此身從無始來，當處出生，隨處滅盡。二十八歲母亡，痛切肺肝。

大師在家期間曾接觸到藥師佛、觀世音和地藏兩大菩薩，也曾禮拜《藥師經》、書寫《慈悲藥師寶懺》、誦持《地藏菩薩本願經》以及聽聞《楞嚴經》，這些是大師出家前的佛學基礎。

那麼，大師出家後修學佛法和弘化的過程，又是怎樣呢？是否曾遇到什麼困境呢？或是證得什麼悟境呢？

大師出家後修行和弘化的歷程，大致可以分成三個時期，即青年時期、壯年時期和老年時期。首先介紹大師青年時期——出家後一直到三十歲之間，其修行和弘化的歷程。

在短短幾年間，大師歷經父親、大舅和表姪相繼去逝，深感人命無常，決心出家，以期剋期取證聖果——恢復本來面目，也就是期望短時間內能明心見性，見「父母未生我前，我是誰」的真面目。於是，大師二十四歲時依雪嶺法師出家。

大師出家後，雪嶺法師令其作務三年；那年的夏天和秋天，大師便於雲棲寺作務，為大眾僧服務，累積福報。

這期間，古德法師（蓮池大師弟子；蓮池大師圓寂後，古德法師在雲棲寺主持法席，並且為人證明授戒）在雲棲寺講解《唯識論》，大師便前往聆聽教法。聽著聽著，內心產生一個疑問：《唯識論》主張「萬法唯識」，但《楞嚴經》則認為「一切法相，皆是虛妄」，這兩者的宗旨似乎相悖、互相矛盾。

於是，他向古德法師請教。古德法師回答：「性相二宗，不許和會。」大師對此答案感到很奇怪，性相二宗，同是佛法，為什麼會有矛盾和分歧，無法融會貫通呢？這個疑問一直存在於大師心裡，希冀早日可以解開此疑惑。

有一天，大師又向古德法師請教。大師問道：「不怕念起，只怕覺遲。倘若正如中陰入胎，念起受生，縱令速覺，如何能夠解脫呢？」

古德法師反問大師：「你今入胎了嗎？」

大師微笑未回答。

古德法師說：「入胎了。」

大師仍無言以對。

古德法師又說：「你說看看你此身，果真是從受胎時得來的嗎？」

大師當下汗流浹背，不知該如何回答。

由於大師只想一心一意地專注於參禪，志在急證聖果，了生脫死，以報親恩，如大師自述：「予少年猛志參究，視佛祖果位猶掇之，冀欲以此報父母不報之恩。」因此，大師未依師訓作務三年，並且暫時將教、律的修學放緩。

大師自從棄儒學佛後，認為直指人心，明心見性的法，就是教外別傳的這一支——禪宗（註一）；於是，他決定萬緣放下，猛志參究，以期早日證悟。

後來大師曾多次反省：初出家時，棄經論而不學，一味枯坐參究。他感慨地說：「余少年誤中宗門惡毒。」這個「宗門惡毒」是什麼？大師這麼說：「妄謂單傳之道，實出教外，一味作蒲團活計，一切經論置諸高閣。」也就是說，大師最初認為，只要枯坐蒲團（專心坐禪參究），就可以達到明心見性，而把一切經論、教理束諸高閣。

於是，大師在二十四歲這年，就前往徑山（註二）參禪，並且日中一食，只求早日悟聖道。

大師於二十四歲時認識新伊法主，並在新伊法主座前受沙彌戒。之後，彼此成為忘年之交。往後三十年，每次碰面都促膝長談，談論佛法，往往到深夜仍欲罷不能。

熹宗天啟三年，大師二十五歲（西元一六二三年）再度前往徑山參禪。那年夏天坐禪的悟境，當用功得力時，身心世界忽然消失不見。大師由此深刻體悟到，這個身體從無始以來，就是依著因緣而生滅，而非自性實有；但是，無始劫以來，堅固的妄想卻將身體妄執為實有；其實，這個身體只不過是緣起有，而自性是空。因此，大師了悟身體確實不是父母所生的實有物。

因為大師對身體的緣起性空有深刻地體悟，推及到一切有為法，了知一切有為法都是緣起有，而自性空；從此，對性相二宗的緣起性空之理，融會貫通。因此，對當初「性相二宗，不許和會」的疑惑，自然消融，深切體悟到性相二宗本來就沒有矛盾。此時，一切的經論和公案，全都浮現在眼前，了了分明。

大師的參禪主要是依《楞嚴經》，沒有師長指點而得到證悟。這是以佛說的經典為中心，也就是所謂「如來禪」；不同於唐宋以後的禪宗，是以公案為主的「祖師禪」。

大師並沒有反駁禪宗的祖師；但是，他對當時固執公案而不懂經典的禪者，則加以駁斥。

受戒・寄家書

大師二十四歲在徑山受沙彌戒後，一心致力於坐禪參究，希望早日能明心見性。

二十五歲時，大師想受比丘戒；但因為大師所景仰的紫柏、憨山和蓮池等大師都已經圓寂，無法直接在其座前求受比丘戒。而這三位大師中，由於蓮池大師曾學過戒科，並且提倡自誓受戒之法；因此，大師決定依止蓮池大師為得戒和尚，在其法像前，自己依照四分律戒本的儀軌，求受比丘戒。

於是，十二月八日，大師從五臺山冒著冰雪，前往杭州雲棲寺（註三）。禮請古德法師為阿闍梨。阿闍梨是導師或上師之意。佛教出家眾，受具足戒時，需要有三師七證在場。其中的「三師」分別為：「得戒和尚」——正授戒者；「羯磨阿闍梨」——讀表白及羯磨文者；「教授阿闍梨」——教受以威儀作法者。「七證」者，意謂七人之證明師；若在邊地，則可減為三師二證。

就在古德法師與其他法師的見證下，大師向蓮池大師法像前，頂受比丘戒。

隔年（二十六歲，西元一六二四年）新春期間，大師心中十分思念母親，並且希望母親能諒解他急著出家的心情。於是，大年初三那天，在佛前燃臂香、刺舌血，將自己出家的緣由寫在血書中，托人交給母親，內容主要表達：

「孩兒從小受家庭的教育，稍長後到私塾學習聖賢書，便以承續古聖先賢的聖學為己任，怎麼會不知道父親往生應該安葬守孝、母親年邁應該奉養的道理呢？但是，每當夜深人靜時，當我一想到生死無常這件事，不禁感到驚恐怖畏。

「這幾年，除了父親病重往生外，大舅也在正值壯年、飛黃騰達之際突然往生；而表姪小虞還來不及長大成人，便已早夭。人命無常，猶如朝露，稍縱即逝，誰能豁免？我一想到自己也會面臨無常，不由得悲從中來。每每想起往生的父親和家中的慈母也難以避免生老病死之別離，更是心痛萬分。」

大師曾在二十一歲時，害怕失去慈母，想知道母親的壽量，因而請教算命師；結果獲知，母親的大限是六十二或六十三歲（也就是約當大師二十三歲或二十四歲時）。於是，大師在佛前至誠祈求：希望縮減自己的壽命、削薄自己的功名，用來延長母親的壽量。因此，又怎能確定自己能活得平安、不會早夭呢？每當想到無常，大師就覺得，倘若不早日出家修行，恐怕後悔莫及。

如今，大師已經二十六歲，算命師的預言並不靈驗了，算是鬆了一口氣。因為大師深感生死事大，決心出家，以求剋期取證，究竟報答親恩。然而，又害怕割捨不了對母親的恩情，只好出此下策——狠下心來不告而別，懇請母親能夠見諒。

大師擔心母親會日夜掛念他，於是在三寶前燃臂香供佛（註四），刺舌血寫家書。大師期望母親能體諒其出家的心志，並請母親寬心念佛，以期脫離生死苦海。

同年十二月二十一日，大師重回到杭州雲棲寺，在蓮池大師法像前，求受菩薩戒。

次日，大師撰寫受菩薩戒誓文——

如是戒品，我今於一切三寶前，誓願受持修學，盡未來際不復舍離。
假使持戒因緣，百千萬劫恆受困苦，誓不以苦故，退失今日道心。
假使破戒因緣，百千萬劫恒受安樂，誓不以樂故，退失今日道心。
以此學戒功德，願我及眾生，無始眾罪，盡得消滅。
若一切眾生定業當受報者，我皆代受，遍微塵國界，曆諸惡道，終無厭悔，
令彼眾生，先成佛道。
我所發願，真實不虛。願十方三寶，現為我證，令我道心，日夜增長。
文殊智海，念念清淨。普賢行海，念念圓成。
命終之後，生諸佛前，證度迷流，同登覺岸。虛空有盡，我願無窮。

這是大師受菩薩戒後，隨學諸大菩薩廣發正願及普濟群生的願文。

受菩薩戒後，大師自已覺得對律藏的認識仍然不足，想要多充實戒學。於是，二十七歲的春天，大師在古吳（江蘇省吳縣）第一次閱讀律藏四十多天，結錄《出事義要略》一書，這也奠定他一生以復興戒律為志業的基礎。這年夏

天，大師與二、三位法友一起結夏。

大師閱讀律藏後，曾寫信給雪嶺法師，即〈寄剃度雪嶺師〉，信中痛陳今世有三可痛哭，三可哀愍。其中第一點是：

毗尼法，三學初基，出世根本，僧寶所由得名，正法賴以住世。而罕有師承，多諸偽謬，遂令正法墜地，僧倫斷絕，一可痛也。

「毗尼」為梵語Vinaya之音譯，又譯為毗奈耶、毗尼耶，就是戒律的意思。大師對於正法賴以住世的戒法，很少有正確的師承，產生很多錯謬之處，導致正法不彰，僧倫斷絕，這是第一點令人深感痛心的。因此，大師閱讀律藏後，決心深入律藏，並弘傳戒律。

之後，大師也寫信給阿闍梨古德法師，即〈上闍梨古德師〉，信中提到：

僧人五夏以前，專精戒律；專精者，豈徒著衣持鉢而已。律中第一要務：在常一其心，念無錯亂，謂依四念處行道也。四念處慧，佛法總關。無念處慧，著袈裟如木頭幡，禮拜如碓上下，六度萬行，皆同外道苦行，無與真修。若依念處行道，則持戒功德，現能獲四沙門果，乃至圓十地，尅獲無難。第二要務：在洞明二百五十戒開遮持犯之致；否則二六時，既掛比丘名，當結無量罪。言之駭聞，思之喪膽；此二不明，與邪戒何異！末世流弊，非有力大人，不能挽回。吾師德盛名顯，僧俗同欽，吾知諸佛所付託矣！

大師語重心長地向阿闍梨古德法師陳述戒律的重要性，期盼德高望重的阿闍梨古德法師一起弘傳戒律。

二十七歲、二十八歲兩夏，二、三位法友強請大師宣說《楞嚴經》要義兩遍，因此多有會心處。大師原本想著作闡述其要義，但此時仍志在宗乘，所以無暇著述《楞嚴經》的註釋。

母親往生

二十八歲那年，大師聽到母親病重的消息，立刻回家探望；此時，母親已病入膏肓。

古代有「割股療親」的典故（註五），於是大師效法前人割下股肉入藥，希望能治好母親的病；但割了四次股肉，還是未能挽救母親的性命。大師悲慟地說：「四刲肱不救，痛切肺肝。」大師的母親享年六十七歲。

大師在二十一歲時，在佛前折損自己的壽量和功名，以期增添母親的壽量。之後，大師二十四歲時，為了究竟報答親恩便出家修行。大師出家後，一心一意坐禪參究，也是為了早日明心見性以究竟報答親恩。大師二十六歲時，刺舌血寫家書，期望母親能體諒其出家的心志，並請母親寬心念佛，以期脫離生死苦海。大師二十八歲時，又因母親病重時，割下自己的股肉和藥，希望能治好母親的病。以上種種，都可以看出大師對母親的孝心。

奈何天不從人願，母親還是往生；而大師尚未徹底明心見性，還來不及究竟報答親恩，母親已撒手人寰。亡母之痛，令大師痛徹心扉，深感悲慟。

二十八歲時，大師強忍悲傷，安葬母親之後，便與法友鑑空、如寧兩位法師一起到松陵（江蘇省吳江縣）閉關。

大師在閉關期間生了重病，這讓他體驗並警覺到，想要完全依賴自力的參禪而達到解脫，並沒有十分的把握；原本平日用功得力的法門，重病時竟然派不上用場。因此，大師除了參禪之外，也轉向依靠佛力，念佛求生淨土。

於是，大師改變過往只專心一意「坐禪參究」的修行模式，而轉變成以參禪為基底功夫，配合求生淨土的修行模式。總而言之，此時雖念佛求生淨土，但仍不捨本參，走向「禪淨雙修」的階段。

大師非常景仰的永明延壽大師（西元九〇四至九七五年），正是主張「禪淨雙修」（註六）。永明延壽大師所作的〈四料簡〉對後世行者影響很深——

有禪有淨土，猶如帶角虎；現世為人師，來生作佛祖。

無禪有淨土，萬修萬人去；若得見彌陀，何愁不開悟。
有禪無淨土，十人九磋路；陰境若現前，瞥爾隨他去。
無禪無淨土，鐵床並銅柱；萬劫與千生，沒個人依怙。

近代禪宗大德虛雲老和尚特別指出，此四料簡自是說明了禪淨雙修的好處；不過，決非說禪劣於淨，而是道出後人所傳之禪多弊病，須當心抉擇。此點不可不察。

大師在禪宗方面的思想，是仰慕紫柏大師；而在性相融會及禪淨雙修的思想，則自認是繼永明大師之後。大師的著作曾提到：「馬鳴、龍樹雖難企，智覺芳蹤庶許尋。」意謂，自己的努力雖不如印度的馬鳴和龍樹兩位菩薩，但是可以直追智覺禪師（即永明大師）的芳蹤；大師並自認為是永明大師的後繼者。

等到大師的病稍微好轉些，便築法壇，修持「往生淨土咒」，共七天七夜。之後，大師寫下一首長偈，來表達自己求生極樂淨土的決心：

稽首無量壽，拔業障根本；觀世音勢至，海眾菩薩僧。

我迷本智光，妄墮輪回苦；曠劫不暫停，無救無歸趣。
劣得此人身，仍遭劫濁亂；雖獲預僧倫，未入法流水。
目擊法輪壞，欲挽力未能；良由無始世，不植勝善根。
今以決定心，求生極樂土；乘我本願船，廣度沉淪眾。
我若不往生，不能滿所願；是故於娑婆，畢定應捨離。
猶如被溺人，先求疾到岸；乃以方便力，悉振暴流人。
我以至誠心，深心回向心；燃臂香三柱，結一七淨壇。
專持往生咒，唯余食睡時；以此功德力，求決生安養。
我若退初心，不向西方者；寧即墮泥黎，令疾生改悔。
誓不戀人天，及以無為處；折伏使不退，攝受令增長。

出關之後，喪母的心痛未滅；於是，大師恭敬地燃臂香七炷，供十方三寶及諸大菩薩，誠摯地為亡母發願回向：「願母罪因苦果，淨盡無餘，智種福基，具足無減。悟法界藏身，入普賢行海。」

此後，大師常為父親、母親、過去生的父母親，乃至一切有情，至誠燃臂香，供十方三寶及諸大菩薩，持咒或誦經等，誠摯地為眾等發願回向速升淨土，早悟寂光，同圓法界藏身。

倘若子孫為祖先（亡者）做功德，祖先可以獲得功德嗎？答案是肯定的，不管是祖先（亡者）或做功德的子孫，都可以得到利益。如《地藏菩薩本願經》中提到：若是七分的功德，祖先（亡者）可以獲得一分，為祖先做功德的子孫則可以獲得六分。同樣地，誠心誦經回向給亡者，不只可以利益自己的祖先、過世的親友，也可以利益所有亡者，甚至法界一切眾生都可同霑法益。

大師三十歲（西元一六二八年，崇禎元年）那年春天，出關並前往浙江省定海縣的普陀山朝禮觀世音菩薩。（註七）

朝禮觀音菩薩後，大師本想前往終南山。途中遇到道友雪航法師，請大師到龍居的聖壽寺開示律學；於是，他們結伴一起去龍居聖壽寺（浙江省嘉興縣）。那年夏天，大師再次閱讀一遍律藏，並宣講律學。

同年，大師完成《毗尼事義集要》四本。大師認為，此書不只是律部的精髓，也是禪教的綱維。大師在闡明戒律與心的關係時提到：

吾人最切要者，莫若自心；世間善明心要者，莫若佛法；然佛法非僧不傳，僧寶非戒不立。戒也者，其佛法綱維，明心要徑乎！

以上數語，清楚地說明心、佛法、僧與戒之間的相互關係與重要性。之後，大師又完成《梵室偶談》，此書汎論禪教律一致、參究念佛等文。此時，大師致力於撰寫律藏的註釋。

這年夏初，大師遇到何啟圖（隔年剃度，即惺谷法師），彼此志同道合，於是結交為法友。冬天，又遇到歸一法師。由於彼此志同道合，大師、雪航法師、歸一法師和何啟圖等三人便在龍居聖壽寺共同約定結交為盟友，一起為復興戒律而努力。

互訂盟約結成盟友，原本不是佛門中的習俗；但是，大師所處的時代背景，當時的講學、朋黨等組織，都是訂盟結社。大師年輕時曾受到儒學的薰陶，受此流習的影響，因此與雪航法師、歸一法師和何啟圖（惺谷法師）等三人共同約定結交成為盟友，主要的目的乃是為了復興戒律。

同年，大師撰寫〈刺血書經願文〉，刺舌血書大乘經律，為父母追善供養並回向。大師先在三寶前，燃臂香十二炷，發十二願。大師至心發願：

願亡父及無始慈父，斷無始我執，往生樂土，蒙佛授記。
願亡母及無始悲母，斷根本煩惱，生蓮華中，蒙佛授記。
願現在同行及過去一切真善知識，皆先圓滿菩提。
願普與法界眾生，破二執，斷眾苦，得金剛身，淨三聚戒，圓正定，證實慧，發菩提心，得不退轉，歸無上覺。
以上發心發願善力因緣，普施法界，同了無二無生，無得無作，永離虛妄，同證常樂。

之後，大師又撰寫〈書佛名經迴向文〉，即大師書寫完佛名後，燃香供養三寶並發願：

三炷供如是三寶，願與法界眾生，紹隆佛種，入智慧藏，登解脫門。

六炷懺六根罪，願與法界眾生，常睹佛色，聞法音，嗅法香，宣法味，服慚愧衣，悟如來藏。

二炷祈父母親緣，國土人民，入九蓮胞胎，獲三寶福佑。

四炷保常住僧伽，和合說戒，淨業善友，嚴淨毗尼，禪堂清眾，熏修大乘。職事諸師，名標蓮蕊。

三炷保比丘某某及一切善友，身康祿熾，正向菩提。如是功德，普施含靈，同生安養。

大師將書寫佛名的功德做了廣大的回向，普願四恩三有等法界眾生，同生極樂世界。

以上，整理了大師從出家之後，一直到三十歲之間主要學佛和弘化的歷程。縱觀大師這段時間的經歷可知，大師最早主修的法門是禪宗，希望藉由「坐禪參究」，能夠明心見性——恢復本來的面目，以悟道來究竟報答親恩。

後來，一場大病打破大師想要靠自力證悟的美夢，轉成以參禪為基礎，輔以念佛並求生淨土的「禪淨雙修」之修行方式。

這段期間，大師受了沙彌戒、比丘戒和菩薩戒。大師兩次閱讀律藏，深感戒律的重要，結錄或撰著《出事義要略》、《毗尼事義集要》四本及《梵室偶談》等書。此外，並與雪航法師、歸一法師和何啟圖（惺谷法師）等摯友約定結交為盟友，共同為復興戒律而努力。

【註釋】

註一：據傳，釋迦牟尼佛入滅前，將「以心印心」的法門傳給弟子摩訶迦葉尊者，並開示：「吾有正法眼藏，涅槃妙心，實相無相，微妙法門，不立文字，教外別傳，付囑摩訶迦葉，不令斷絕。」

世尊於靈山法會上將「正法眼藏」付囑摩訶迦葉尊者，於是，摩訶迦葉尊者被尊為禪宗初祖，再傳禪宗二祖阿難尊者、三祖商那和修尊者、四祖優波毱多尊者等，代代相承，一直流傳下來，在印度傳承了二十八代祖師，至菩提達摩祖師。

菩提達摩祖師受法於二十七祖般若多羅尊者，並遵其指示東來中國傳法。菩提達摩祖師被尊為中國禪宗初祖，其衣缽及四卷《楞伽經》傳給弟子慧可大師，則是中國禪宗二祖。

菩提達摩祖師付法時曾說過：「內傳法印以契證心，外付袈裟以定宗旨。」並留下傳法偈：「吾本來茲土，傳法救迷情；一華開五葉，結果自然成。」

二祖慧可大師將衣缽傳給三祖僧璨大師，依序傳四祖道信大師、五祖弘忍大師、六祖惠能大師，並依達摩祖師說過：「衣止六代」。在六祖惠能大師之後，即「一華開五葉，結果自然成」，意謂六祖門下的弟子將禪宗開展為五大宗——臨濟宗（楊歧派、黃龍派）、曹洞宗、雲門宗、溈仰宗、法眼宗。禪宗法脈廣弘於天下，度眾無數。

註二：徑山又稱徑山寺，創建於唐朝，開山祖師是牛頭法欽禪師（西元七一四至七九二年）。位於浙江餘杭縣徑山鎮，是臨濟宗的專修道場，有「江南五大禪院之首」的美譽。

明萬曆年間，紫柏真可大師所創刻的方冊本《大藏經》，以經板收藏於徑山，故名徑山藏，又稱萬曆藏、嘉興藏或楞嚴寺版；此版《大藏經》為明藏諸版中流傳最廣者。

此外，紫柏大師的遺體也葬在徑山的文殊臺。

因為藕益大師對紫柏大師非常敬仰，故選定徑山做為坐禪參究的處所。

註三：雲棲寺建於北宋乾德五年，吳越王為伏虎志逢禪師興建的三座寺院之一。

明弘治七年，因山洪突發，寺院經像隨水漂沒。

明隆慶五年，淨土宗八祖蓮池大師見寺荒廢，乃重新興修。設立禪室，提倡三教合一、禪淨雙修，深得僧俗崇敬，名賢大儒前來受教，蓮池大師也因此被敬稱為「雲棲大師」。

於是，寺院得以復興，寺殿規模逐年提升，成為一方大叢林，世人稱之為「雲棲宗」。

註四：在大乘經典中，有燃頂、燃臂、燃指的記載。例如：《梵網菩薩戒經》輕垢戒第十六條提到：

應如法為說一切苦行，若燒身、燒臂、燒指。若不燒身、臂、指供養諸佛，非出家菩薩；乃至餓虎狼師子，一切餓鬼，悉應捨身肉手足而供養之。後一一次第，為說正法，使心開意解。

意謂僧人受菩薩戒後，須隨學菩薩行，將自身及肢節上供諸佛及下施有情，並為眾生宣說正法，令心開意解。

對《梵網經》的思想加以考證，其中的燒身說，是承襲《法華經・藥王菩薩本事品》，有燃身供佛的記載，經文提到：「若有發心，欲得阿耨多羅三藐三菩提者，能燃頭指，乃至足一指，供養佛塔，勝於國城妻子，及三千大千國土、山森河池、諸珍寶物，而供養者。」至於捨棄自身做為餓虎等的食物，則是承襲《金光明經・捨身品》的經意。

大乘菩薩的苦行，從釋迦牟尼佛的因地修行菩薩道時，曾做各種的捨身供養及救生供養。例如，佛陀曾經為了向羅剎求得下半偈（生滅滅已，寂滅為樂）的法，而不惜捨身相餵；又曾在雪地見到餓虎，因缺食物，幾隻幼虎也將餓死，所以就捨身餵虎。這些是基於「難行能行」、「難忍能忍」的菩薩精神而倡導苦行。

佛陀在《法華經》、《楞嚴經》、《梵網經》等大乘經典中，都讚歎苦行，令菩薩燃身臂指，供養諸佛，對治貪心及愛惜自身之心。此法在六度中屬於布施度所攝，布施有內外財之別，外財是國城妻子等，內財則是頭目髓腦、燃身臂指等；對菩薩而言都應知道，內外財是不堅實，應學習布施給所求者。捨內外財必須至心懇切，祈求三寶加被。但經論中也提到，布施須要學習，須練習到捨自身如捨菜葉時，才可以真正行捨身。

燃頂雖有根據，出家人受戒燒戒疤則沒有經典的依據，而且也為時不久。在佛教國家，不論南傳北傳，除了中國之外，其他國家沒有這種習俗而在；明末清初之前的中國，也沒有這樣的風氣。

據談玄〈中國和尚受戒・香疤考證〉一文所載，燒香於頂之起源，相傳始於元代初年。當時有一位志德和尚，他在天禧寺主持傳戒時，規定受戒的人部必須用香火灼燒頭頂和手指，以顯示虔誠信佛的決心。此事影響深遠，逐漸演變成慣例，為漢地僧人受戒時燒戒疤的開始。

另有一說是，清朝雍正皇帝中止官發戒牒後，出家眾轉藉燃疤作為辨識之法。

臺灣目前傳授三壇大戒時，在傳授完菩薩戒後，會令戒子燒戒疤，象徵新科菩薩燃身供佛，也就是俗話說：火燒菩薩頭。而在家人受菩薩戒後，常會在臂上燃臂香供佛。

燃頂、燒戒疤有七層意義：一、破相之義；二、警策之義；三、供養之義；四、發願之義；五、精進之義；六、自度度人之義；七、證佛道之義；所以，佛門燃頂、燃戒疤的動機是建立在修行的內涵，展現大慈大悲的精神。

菩薩的苦行與神教的苦行不同，也和以生人血食祭神的意義不同，在中國的《高僧傳》中，有〈忘身篇〉及〈遺身篇〉，專門彙集捨身修行的高僧事例。千古艱難唯一死，沒有人不愛惜自己的生命；以身相捨或用火燒身，需要很大的勇氣和忍耐痛苦的毅力。

因此，燃頂、燃臂、燃指等供佛的方式，主要在斷除眾生對色身的執著，將自身最執著的身體供養諸佛或眾生，並行自利與利他，及斷除對身見的執著。

大師一生多次燃頂香和燃臂香供佛，極可能與他推崇《楞嚴經》及《梵網經》有關。因此，大師將燃頂香和燃臂香供佛當做是實修法門之一。

註五：割股療親的起源，一般認為與唐朝的醫學家陳藏器有關。例如南宋張杲的《醫說》中提到，陳藏器在開元年間編撰《本草拾遺》十卷中，有記載人肉可以治羸疾。但明末李時珍認為，在陳藏器之前，已有割股、割肝來療親。

這個觀念來自中醫以人為藥，也就是將人體的某一部分或分泌物或排泄物或病理產物，以及與人有關且具有某些特質的水、土、衣服和器物等，直接或加工後作為藥物。

在陳藏器以前，收錄於本草書籍中的人藥，多為不傷及性命的部分；但是，陳藏器編撰的《本草拾遺》，進一步將人血、人肉、人肝、人膽作為藥物。佛教捨身的典故傳入後，更是助長割股療親的風氣。

註六：永明延壽大師是唐末五代的高僧，他是中國佛教第一位透過禪宗而融攝教、律，並提倡「禪淨雙修」法門的高僧，主張以禪淨融通法相、三論、華嚴、天台等各宗派教義。

他依止明州翠巖禪師出家，於天台德韶禪師處悟道，是法眼宗第三代祖師；因勸人念佛，弘修淨土法門，成為淨土宗第六代祖師。

永明大師自幼信佛，戒殺放生。大師未出家前，曾為稅務官，挪用公款做為放生之資；後被告發，依法判死處刑。皇帝特別囑咐執行的監斬官，如果執行刑法時，他不害怕，就帶他來見我。到法場時，他不但不恐懼，而且非常歡喜、自在；問他原由，他說：我一條命換了千千萬萬的生命，很值得，有什麼好害怕呢！於是被帶往晉見皇帝。皇帝問他：想做什麼呢？他說：我想出家。皇帝便成就他出家，並做他的護法。

某日，永明大師閱讀《大智度論》，論中提到：「佛世一老人求出家，舍利弗不許；佛觀此人，曩劫採樵為虎所逼，上樹失聲念南無佛，有此微善，遇佛得度，獲羅漢果。」深感世間為業報所繫不得解脫的眾生，唯有靠念佛才可以化導，於是印「彌陀塔」四十八萬本，勸人禮拜、稱念阿彌陀佛。

永明大師曾在懺堂繞佛時，見普賢菩薩現像在前。想起宿願，便作二張紙鬮，一紙為「一心禪定」，另一則為「萬善生淨土」；占了七次，都是「萬善生淨土」。此後，永明大師一心勸人念佛回向淨土。

大師發願求生西方，白天念阿彌陀佛聖號十萬聲；晚上常有幾百位信眾跟隨大師到別峰行道繼續念佛；清宵月明之夜，常會聽到螺貝天樂的音聲。忠懿王對大師非常敬重，讚歎：「自古求西方者，未有如此之切也。」因此，為大師建西方香嚴殿，賜號智覺禪師。

宋開寶八年二月二十六日，大師晨起，焚香辭告眾人，趺坐而化，世壽七十二歲。

據說，永明大師是阿彌陀佛示現。大師圓寂前，有一個典故。當時，皇帝辦無遮大會，凡是僧人都可以來應供。此時，有位僧人穿著普通，坐上首席；這位僧人耳朵很長，所以大家叫他「大耳和尚」。供齋後，皇帝問永明大師：我今天供齋，有沒有聖賢來應供呢？大師回答：有，定光古佛來了。皇帝又問：是那位呢？大師說：就是坐在上位的大耳和尚。

皇帝立刻派人找大耳和尚，好不容易找到了；大耳和尚只說了句：「彌陀饒舌。」之後便即坐化。皇帝一聽就懂——永明大師是阿彌陀佛化現，立刻傳見永明延壽國師，宮中卻傳來「永明大師圓寂」的消息。

現今乃以永明大師的出生日（農曆十一月十七日）做為阿彌陀佛聖誕。

註七：普陀山有尊觀世音菩薩，又名「不肯去觀音菩薩」。

相傳，在五代後梁貞明二年（西元九一六年），日本留學僧慧鍔法師，學成回國時，特別到五臺山請一尊觀音菩薩聖像回日本供養。慧鍔法師所坐的木船航行到浙江省舟山群島，在過新羅礁時，忽然掀起風浪，海上出現無數的鐵蓮花，導致木船不能前進，達數日之久。在無可奈何下，只好將觀世音菩薩請到小島，借住在張漁翁的茅蓬中。

幾天後，選擇天晴浪靜的時候再次啟航，但鐵蓮花又布滿海面，阻擋去路，不能前進。此時，漁翁對慧鍔法師說：既然您無法回日本，何不就在此地建寺安住呢？同樣可以弘揚佛法。

於是，慧鍔法師就在山上建一座名為「不肯去觀音院」。這就是不肯去觀音菩薩定居在中國的因緣。

普陀山原名梅岑山，後改以印度補怛落迦山（Potalaka，傳說為觀世音菩薩道場）之名相稱，簡稱為普陀山，成為我國佛教四大名山之一。

西藏達賴喇嘛所居之布達拉宮，其「布達拉」亦為Potalaka之音譯。因建造者松贊干布把觀世音菩薩作為自己的本尊佛，所以用佛經中菩薩的道場「布達拉」為宮殿命名；此外，傳說達賴喇嘛為觀世音菩薩之化身。

第五章　壯年時期的修行和弘化——前期

三十一歲，隨無異禪師至金陵，盡諳宗門近時流弊，乃決意宏律。深痛我禪門之病，非台宗不能救耳！

大師的壯年時期（三十一歲到五十歲）是否延續青年時期的禪淨雙修或者有所改變呢？

這段時期大約可分為前期和後期：前期是大師三十一歲到三十八歲時，後期則是三十九歲到五十歲。本章先敘述前期之歷程。

力倡戒律和教理

大師三十一歲（西元一六二九年，崇禎二年）正月十五日，大師為雪航法師講解四分律比丘戒本，大師為表弘律的決心，並刺血書寫願文，發了十大願，普願十法界眾生同得解脫。大師發的十大願是：

一、願法界一切地獄眾生，同得解脫，永不受果，永不造因。

二、願一切餓鬼道，同得解脫。

三、願一切畜生道，同得解脫。

四、願一切阿修羅，捨憍慢習。

五、願一切人道，發菩提心。

六、願一切天道，永斷諸漏。

七、願一切聲聞，回小向大。

八、願一切辟支，發起大悲。

九、願一切菩薩，盡無明源。

十、仰願一切如來，更增法樂。

又願以此功德，令道友智檝（雪航法師），蕩滌流俗知見，拔除儱侗邪思，赤歷歷荷擔正法。不惜身命，真懇懇哀憫眾生，善能度脫。若其從無始來，至於昨日，所有一切惡業，應受報者，智旭（大師自稱）悉皆代受，令得解脫。所有一切善業，應受報者，普施法界眾生，同成正覺。從今已去，執持禁戒，塵業不侵。嚴護威儀，蜎飛無損。樹正法之妙幢，作人天之模範。更願智旭，恆於盡虛空徧法界三惡道中，普代眾生，受無量苦，經於不可說不可說微塵劫海，備嘗楚毒，終無厭悔。使法界眾生，無一不成佛竟，我方解脫。以此發心發願功德，仰願諸佛大慈加被，大悲拔濟。令一一字放無量光，一一光照無量國。一念之頃，悉周法界，普施眾生，究竟法樂。情與無情，同圓種智。

大師為了講解四分律比丘戒本，就刺血寫願文，可見大師對弘揚戒律的殷重心。而從大師的願文，可深深感受到大師「為佛法、為眾生」的大慈悲心。

這年春天，大師和歸一法師一起送啟圖到博山（江西省廣信縣），禮請無異禪師（西元一五七五至一六三〇年，曹洞宗門人）為剃度和尚，啟圖正式出家，法號惺谷。

無異禪師看見大師所著的《毗尼事義集要》，心生歡喜，希望立刻付印成書；但是，大師沒有應許，因為大師認為《毗尼事義集要》的內容尚未完善。

在博山，巧遇壁如法師，彼此切磋律學，十分契合，於是結交成為盟友。在《根本薩婆多部律攝》和《十誦律》中記載，如果處在佛法不盛行的「邊地」時，只要有五位持律比丘就可以傳戒。因此，大師閱讀律藏後，結交盟友，成立「毗尼社」，以及致力於五位持律比丘共住，都是為了復興戒律。

之後，大師隨無異禪師到金陵，共處一百一十天，反而看到當時禪宗很多的弊端，因而決意弘揚戒律和經教。大師雖然熱衷坐禪參究，然而禪宗的種種弊病，他無法苟同，這使大師再次改變修行的方向。

大師到底看到當時的禪宗有什麼弊端呢？讓大師對原本鍾愛的禪宗徹底失望，於是改變其修學觀——由禪淨雙修改為專心研究戒律和經教的修學，甚至最後抑禪揚淨？

大師主要發現，當時的禪病是「正坐無知無解，非關多學多聞」；也就是說，修習者不懂佛法而只是枯坐，便自以為是參禪。

大師看到這些參禪者，不是為了明心見性而參禪；參禪只是一個空殼子，虛作表相、乍現威儀而已；不真實學習佛法──禪、教、律，而只是徒記一、兩則公案，會幾句佛學專有名詞。出家受三衣一缽，就以為浩瀚的佛法，全盡於此；修行只是流於形式，佛法只剩一個空殼子。看到禪門的衰相，大師非常痛心，決心改革。

大師分析造成此衰相的原因，主要有兩點：第一是不重視戒律，第二是不重視教理。

第一，由於不重視戒律，自然不會想學戒，也就不知道戒法的開遮持犯及作持；如此一來，雖然出家，只是虛有其表，而無實際的出家人行誼。

第二，由於禪宗是教外別傳，主張不立文字、以心印心。當時的禪宗門徒便以「不重文字」自居，輕蔑經典，不重視佛教教義的研究。

大師認為，重視經典應該是禪宗本懷；否則，不依佛教教義，如何真正的明心見性呢？於是，他深究天台教理，主要便是為了矯治禪病。他曾說：

予二十三歲即苦志參禪，今輒自稱私淑天台者，深痛我禪門之病，非台宗不能救耳！

大師寫給無盡法師的信中也提到：

後出入禪林，目擊時弊，始知非台宗不能糾其紕。台教存，佛法存；台教亡，佛法亡。

因此，為了力挽禪門的衰相，大師專研天台宗並弘揚天台教理。

大師閱讀知禮大師（四明知禮，西元九六〇至一〇二八年，宋朝天台宗祖師）的《觀無量壽經疏妙宗鈔》（此鈔是針對天台宗祖師智者大師所著之《觀經疏》所作的註釋）和傳燈大師（西元一五五四至一六二八年，明末中興天台宗的祖師）的《阿彌陀經略解圓中鈔》（此鈔是針對元朝大佑法師所著之《阿彌陀經略解》所作的註釋）後，大師才知道「念佛三昧，無上寶王。方肯死心執持名號，萬牛莫挽也！」

於是，大師轉變了青年時期禪淨雙修的思想，改為棄禪修淨，最終是抑禪揚淨。而且，大師深受天台宗圓教思想的影響，成為精勤研教持律的淨土行者。

大師認為，自己雖然精通律藏，但由於煩惱習氣強，無法完全清淨持守戒律，所以立誓不當和尚（此處指「住持」之意）。又說：「自己身語意三門未能清淨，只是徒有通達律藏的謬讚，其實不過是虛有其名、名過於實罷了。」大師並將此謬讚視為生平之恥。由此看來，大師對自己的要求很嚴苛。

第二章曾提到大師受到啟蒙老師（程朱的理學思想）的影響，作了幾十篇闢佛論，批評佛法。學習佛法之後，知道謗法是極大的惡業，因而自覺罪惡深重。在大師的著作中曾提到：「旭十二、三時，因任道而謗三寶，此應墮無間獄，彌陀四十八願所不收。」因此，大師一生中常常修持滅除罪業的法門，希望能滅除誹謗三寶的惡業。

三十一歲春天，大師撰寫〈持咒先白文〉，燃臂香五炷，發願恭敬持誦地藏菩薩滅定業真言一百萬遍；觀音靈感、七佛滅罪、藥師灌頂、往生咒各十萬遍。接著，又結壇恭敬持誦大悲咒十萬遍。大師和璧如等法師又各燃臂香三炷，發願如來正法復興，末世的弊端盡革。光明壽命，稱性量而無量；福德智慧，等虛空而不空。普與含生，同生極樂世界。

這年，適逢母親過世三周年。大師撰寫〈為母三周求拔濟啟〉，願廣發菩提願、廣行菩薩行，以救拔父母；並請同參法友一同誦經持咒，為母親超度，回向往生淨土。又撰寫〈為母發願回向文〉，願母罪盡清淨、願代母受十惡報，普願十法界皆解脫。

這年冬天，大師與歸一法師在龍居萬聖寺冬安居。大師第三次閱讀律藏，並結錄成六冊，共計十八卷。

大師自二十七歲至三十一歲之間，曾仔細閱讀《律藏》三次，奠定其往後學戒、持戒、弘戒的基礎。

這年，大師尚撰寫了〈禮大報恩塔偈〉、〈持準提咒願文〉、〈禮大悲銅殿偈〉、〈起咒文〉及〈除夕白三寶文〉等文章。

三十一歲那年，大師撰寫了〈尚友錄序〉，自述與雪航、歸一和惺谷等三位法師彼此之間的友誼關係；大師談及他們四人彼此互益，缺一不可。

大師在〈尚友錄序〉中提到：「去年夏初，那時惺谷法師還是居士之身，看到我的《白牛十頌》，於是就結下因緣切磋佛理。半年多來，彼此有很多不同見解；只是，我既不能在其中受益，他也沒有辦法從中獲得益處。

「到了冬天又遇到歸一法師，他可以對照出我的不足之處，也去除我一些保守的見解，漸漸令我每天有所增益。直到過年，又遇到雪航法師；我們三人看到他有可切磋的地方，於是就努力地降伏他的我慢，把他不夠直心的虛矯之處去除，引導他知道修行的正途。如此下來，他的受益很大，我與歸一、惺谷兩位法師的受益也不少。這時，我才知道有好友的樂趣。

「然而，交友之道豈是容易獲得呢？我想只有虛心，虛心則容易讓人生智慧；有了智慧則能知道別人的長處；知道別人長處以後才能有正直的交往與誠實的信賴，也才能增廣見聞、相互熏習。如果有固執的偏見放在心中變成阻礙，對方不能有益於我，我也不能有益對方，只能作普通的泛泛之交，又怎麼可能真正得到『友直、友諒、友多聞』的好處呢？而且，雪航法師、歸一法師、惺谷法師我已認識很久，結盟一事卻拖到今日才底定，豈不是以前不夠虛心所造成的錯誤嗎？

「沒有歸一法師，不能讓惺谷法師有益於我；沒有惺谷法師，也不能令歸一法師有益於我；沒有我，也不能令歸一、惺谷兩位法師互相得益。如果沒有我們三個，則無法對雪航法師有益；若沒有雪航法師，亦不能令我們三人在引導他的過程中也得到啟發與增益。所以說：生我的是父母，而成就我的是朋友。」

大師一生中真正結為盟友只有四位，即惺谷法師、歸一法師、雪航法師和璧如法師，此結盟一事發生在大師三十一歲這年。他們五人共同結成「毗尼社」，主要是為了復興戒律。

三十二歲春天，大師在龍居萬聖寺生病，惺谷法師與如是法師當時正在金陵（今南京）；大師思忖，萬一自己有不測，擔心沒有人將律學延續下去。於是，正月初一，大師燃臂香、刺舌血，寫信給惺谷法師，催促惺谷法師快點回來自己身邊，以便安排惺谷法師依照古制，如法受沙彌戒和比丘戒。大師希望，至少多幾位如法受戒的比丘，讓清淨的比丘戒體可以流傳到後世。三月底，惺谷法師與如是法師從金陵回到龍居萬聖寺。

歷經三次閱讀律藏，大師才知道受戒如法不如法的事宜；但是，參訪各個傳戒的律堂，卻找不到一個如法傳戒的戒場。於是，大師安排惺谷法師禮請季賢法師為和尚、新伊法主為羯磨闍梨、覺源法主為教授闍梨，恢復如來舊規，如法受沙彌戒和比丘戒。

由此可知，大師閱讀律藏後，深知「毗尼住世，佛法住世。」由於當時傳戒不如法，所以大師用心良苦，極力恢復佛制傳戒儀式，期能如法傳戒及受戒。

這年春天，歸一法師為大師所編撰的《毗尼事義集要》寫了跋文；璧如法師則擔任商議與參訂《毗尼事義集要》的職事，共同協助戒法的弘揚。

這年，大師撰寫了數篇文章。〈閱律禮懺總別二疏〉，願禪、教、律並彰，願得彌陀攝受，莊嚴淨土。〈安居論律告文〉，則希望能「直昭正法善毗尼、偏破眾生惑業苦」。〈為母四周願文〉及〈為父十二周求薦拔啟〉，則是啟請三寶、廣運慈悲、同垂濟拔。

結夏安居時（註一），大師為惺谷法師、如是法師、雪航法師等三位法友詳細解說《毗尼事義集要》，並增添初、後二集，共成八冊。

著述律學

同樣在三十二歲這一年，大師想要註解《梵網經》。《梵網經》是菩薩戒經，大師想要用教下的方法註解《梵網經》；不過，用什麼方法較好呢？於是，大師做了四個鬮（籤）問佛。

第一用賢首，就是華嚴宗——由法藏賢首大師所創的華嚴宗，專宗《華嚴經》。

第二用天台，就是天台宗——智者大師所創，專宗《法華經》。

第三用慈恩，就是唯識宗——由玄奘大師之弟子窺基法師所創立，專宗唯識學。

第四為自立一宗，就是自己創建一個新宗派。

占了好幾次，結果都是用天台宗；於是，大師專心研究天台宗。大師認為，天台宗發源於《法華經》，而《法華經》開權顯實，則無所不揀、無所不收。大師深痛當時的禪門不重視戒律和教理，認為非得弘揚天台宗，否則不能挽救當時佛門的衰相；大師並尊崇天台宗以「五時八教」來判教，故私淑天台宗。但是，大師自己不肯成為天台宗的法嗣；因為，當時佛法宗派之間很多爭辯，不能圓融。所以，大師不歸屬任何一派，卻又通達任何宗派；而且，他了知各宗派間其實都是圓融的，並教導大家不應該有門戶之見。

三十三歲春天，大師在皋亭（浙江省杭州）古永慶寺撰寫《毗尼事義集要》的序文，準備刻印成書。其實，早在兩年前未去金陵之時，無異禪師初次閱讀大師所著的《毗尼事義集要》，內心很歡喜，就希望立刻印刷成書。但是大師當時覺得還有一些部分須修改，所以沒有答應。

等到手稿修訂好，大師與壁如、歸一法師兩位法友詳細討論後，一切準備周全。交由惺谷法師以此書呈送給金臺法主，立即交給刻書匠刻印成書。同於在皋亭的佛日寺刻印成書，大師內心很歡喜。

接著，大師和新伊法主一同在武林的蓮居庵禮大悲懺。禮懺後，大師與新伊法主暢談當時佛門的現狀以及自己的抱負。

但是，好景不常。八月，驚聞惺谷法師病重，大師割股肉和藥，希望能治好惺谷法師的病，並作了一個偈子：「幻緣和合受茲身，欲殉千瘡愧未能；爪許薄皮聊奉供，用酬嚴憚切磋恩。」由此可知惺谷法師在大師心目中的地位，一心希望能治癒這位不可多得的法友。不料，惺谷法師仍不治，示寂於佛日寺，大師非常悲慟失去一位志同道合的法友。

九月，大師動身前往孝豐（浙江省東北）；路過武林時，探望好友壁如法師。未料，不到十天，壁如法師也示寂，大師深感悲慟又失去一位志同道合的法友。為了紀念這兩位摯友，大師撰寫了〈惺谷、壁如二友合傳〉，內心因失去摯友而相當悲慟。

這年冬天，大師到北天目靈峰山（浙江省安吉縣）過冬，也就是靈岩寺之百福院。當時，靈岩寺沒有大藏經，大師因此力倡請大藏經，並撰〈靈岩寺請藏經疏〉一文，極力倡導此事。接著，大師在靈岩寺講《毗尼事義集要》七卷，直到隔年夏天才講完。有十多位僧人聽法，但只有徹因法師躬身力行。

同年冬天，溫陵的徐雨海居士向大師提起《占察善惡業報經》（註二），大師立刻派遣人專程前往杭州的雲棲寺請得此妙典；請回後立刻展開並閱讀經文，頓感悲欣交集，如獲至寶。悲傷的是，此經所提到的眾生的罪報；欣喜的，則是此經所提到的兩種觀法（即唯心識觀與真如實觀）和三種輪相的懺法。大師特別撰寫〈讀持回向〉一文，「願以大菩提心持誦地藏咒，為禪思、持經、營福、持戒者除罪。」之後，大師用心研讀受持《占察善惡業報經》。《占察善惡業報經》提到：

善男子！若未來世諸眾生等，欲求度脫生老病死，始學發心修習禪定、無相智慧者，應當先觀宿世所作惡業多少及以輕重。若惡業多厚者，不得即學禪定、智慧，應當先修懺悔之法。所以者何？此人宿習惡心猛利故，於今現在必多造惡，毀犯重禁。以犯重禁故，若不懺悔令其清淨，而修禪定、智慧者，則多有障礙，不能克獲。或失心錯亂，或外邪所惱，或納受邪法，增長惡見。是故當先修懺悔法，若戒根清淨，及宿世重罪得微薄者，則離諸障。

此段經文說明佛學的初學者在學習禪定或慧觀等法門之前，應當先行懺悔，否則，容易產生障礙。

大師認為，《占察善惡業報經》誠為末世多障眾生懺悔業障的第一津梁，大師稱之為「懺罪神丹」，此神丹是無苦不拔。其滅罪的方法，包含懺法、定慧及持名等三個部分。大師為了求受清淨的菩薩戒及比丘戒，親自編撰《占察善惡業報經義疏暨行法》，也就是將〈占察懺〉編撰成一般通用的懺本。

三十四歲，大師在靈峰山結夏安居，自觀法師也來靈峰山結夏安居，大師為自觀法師秉羯磨、傳授具足戒。接著，大師撰寫〈龍居禮大悲懺文〉，以期「觀淨土於目前，證菩提於當念。」之後，大師又撰寫〈禮大悲懺願文〉，願常讀三乘法藏、同開佛慧，並躬身持咒、禮懺。

三十五歲春天，大師為靈峰山倡請的大藏經終於送來了，大師很高興完成請經一事。

接著，大師前往金庭山的西湖寺（浙江省嵊縣）結夏安居，撰寫〈西湖寺安居疏〉，期以淨戒真因，登極樂淨土。

大師在〈卜居十八事〉提到：「順歸師雅癖，奉大士慈命，誅茅西湖。」

由此揣度，西湖寺可能是歸一法師提議興建，大師在觀音菩薩或地藏菩薩座前，用占卜的方式在金庭山建造了西湖寺；文中提到的「誅茅」，可能是幾間茅屋。西湖寺就是大師當年極力倡導恢復戒律，努力促成如法的五比丘共住而建造的。

可惜，在西湖寺未久，結拜盟友歸一法師突然背盟離去，使得大師復興戒律的熱忱，受到很大的衝擊。

安居期間，大師詳細講解《毗尼事義集要》一遍，共有九位僧人聽法，但真正用心的只有徹因、自觀及幻緣等三位法師。

由於當時佛門的戒律鬆弛，甚至於「但見聞諸律堂，亦並無一處如法者。」於是，大師勤研律藏，了解律法的重要性，所謂「毗尼住世，佛法住世。」因此，大師一心希望能弘揚清淨的戒律。所以，一直致力促成如法的五比丘（才可以傳戒）共住，以期復興戒律，但這不是一件容易的事。

大師曾與惺谷法師、歸一法師、雪航法師和璧如法師結盟，共同致力於佛法的修持。只是，惺谷法師與壁如法師相繼圓寂；之後，歸一法師又背盟而去。因緣皆不具足，「五比丘如法共住」的想法，未能如願。

三十五歲這年，大師弘律的心願遭受到重大的打擊，過去五年的努力幾乎回到原點。往後的幾年裡，伴隨大師不離不棄的只剩下「身體力行戒法」的徹因法師；而三十歲前後大師所結交的知己，未來與大師還有持續互益的也只剩下南方的如是法師。此外，當時「毗尼社」的另一位成員雪航法師，在大師未來弘法的生涯中幾乎是全面淡出。緣起緣滅，無常迅速，幾位曾經結盟互益的好友，因緣盡時仍不免分離。

自三十五歲之後，大師復興戒律的志願，可說形同槁木死灰。大師亦深深感慨：「予運無數苦思，發無數弘願，用無數心力，不能使五比丘如法同住，此天定也！」雖然如此，大師仍不遺餘力地講述戒律的重要性。

退位為菩薩沙彌

四月十六日，大師撰寫〈前安居日供鬮文〉，準備結夏安居。前安居日，大師自忖，再三閱讀律藏，深知當時佛門的弊端，不重視戒律，大師不忍心隨俗，乍現威儀，實則共同腐蝕如來的正法。

雖然大師從受具足戒以來，內心雖殷重，希望能夠持守淨戒，但未能完全依據佛制而行。於是，大師作了八個鬮，虔誠向三寶啟白卜問——

第一鬮：若智旭比丘戒從心感得，十夏行持，當得作和尚鬮。

第二鬮：若得戒前，輕犯未淨，當得禮懺作和尚鬮。

第三鬮：先行懺法。若未得不成遮難，或已得未堪作範，當得見相好作和尚鬮。

第四鬮：禮懺求相。若不成難而未得，當得重受鬮。

第五鬮：如法秉受。更滿十夏，若成盜難而通懺，當得禮懺重受鬮。

第六鬮：若已成難，當得菩薩沙彌鬮。

第七鬮：若不許沙彌法，當得菩薩優婆塞鬮。

第八鬮：若一切戒法悉遮，當得但三歸鬮。

如果占得作和尚等三鬮（即第一到第三鬮），則誓忘身命，護持正法；寧受劇苦，作真聲聞，不為名利，作假大乘。

若得重受等二鬮（即第四和第五鬮），則敦弟子職，誓不藐視佛法。

若得菩薩沙彌鬮（即第六鬮），則誓尊養比丘，護持僧寶。

若得菩薩優婆塞鬮（即第七鬮），則誓以身命護正法，終不迷失菩提心。

若得但三歸鬮（即第八鬮），則誓為三寶服務，以種種方便，摧邪顯正。

作完八個鬮後，並燃香十炷，整個夏安居持咒加被。

到了七月十五日自恣日（佛歡喜日），大師燃頂香六炷，並撰寫〈自恣日拈鬮文〉。虔誠占鬮，結果占得菩薩沙彌鬮（即第六鬮）。大師也自認為自己是「今比丘則有餘，為古沙彌則不足，寧捨有餘企不足也。」於是，大師捨棄比丘戒，而退位為菩薩沙彌。原本致力於戒律的復興，就此劃下休止符。

這年冬天，大師親自制定《占察善惡業報經行法》，將〈占察懺〉具體編成一般通用的懺本，方便後人拜占察懺法。大師將《占察善惡業報經行法》與《大悲懺》、《淨土懺》一起作為自己懺悔罪障的常用懺法。接著，大師並為大眾講解《占察善惡業報經行法》。

大師雖然在二十五歲夏天在徑山參禪，當時坐禪的悟境，深切體悟到性相二宗不但沒有矛盾，而且互相融攝的理念，已經有所徹悟。然而，其理論依據，主要還是根據《占察善惡業報經》的唯心識觀配合相宗的唯識思想，以真如實觀配合性宗的唯心思想，做為性相二宗互相融攝的理論依據。大師在〈教觀要旨答問十三則〉中提到：

唯心是性宗義，依此立真如實觀；唯識是相宗義，依此立唯心識觀。料簡二觀，須尋占察行法。

此段話說明了，大師是依據唯心的真如實觀與唯識的唯心識觀，做為性相二宗互相融攝的理論依據。

根據大師的研究可發現，中國從南宋以後就沒有清淨的比丘戒傳承，也就是比丘戒曾中斷；因此，沒有人可以如法傳戒，也就沒有人得到可以得到戒體，成為真正的比丘。

根據比丘戒或比丘尼戒傳法，一般須有十位如法的比丘（尼），邊地至少也要有五位如法的比丘（尼），才有資格依儀軌傳戒，求受者才能得到戒體。不像菩薩戒，若沒有具資格的阿闍黎，自己可在佛像前自受菩薩戒，也可以得到戒體。

前面提過，大師在二十五歲時，在蓮池大師的靈塔（法像）前自己求受比丘戒；大師深入律藏之後，知道這樣的受戒方式是無法得到戒體的。因為；若是想要受比丘戒，必須至少要有五位如律的比丘依儀軌傳授，才能得到戒體。因此，三十五歲自恣日，大師捨棄比丘的身分；又在四十六歲時，進而捨棄沙彌的身分。

大師認為，末法的出家眾，若不依奉《占察善惡業報經》的懺法，便無法得到清淨的比丘戒。大師本身精勤依《占察善惡業報經》的懺法修行，終於在四十七歲的元旦，於比丘戒的求得方法，依《占察善惡業報經行法》，獲得清淨的輪相，得到比丘戒的戒體。

三十五到三十六歲這兩年，大師又生重病；此時，只有徹因法師不離不棄、盡心竭力地服侍，並照顧大師的生活起居。可謂患難中見真情，大師心存感激。

冬天，大師身體康復，便前往吳門的幻住庵。大師又講解一遍《毗尼事義集要》，聽法的人只有五、六人，其中只有自觀法師和僧聚法師兩位真正身體力行。

接著，大師撰寫〈禮金光明懺文〉，針對當時的天災、兵禍長期不息，造成民不聊生、苦不堪言。廣邀有德人士，發心救拔。每天講解《補助懺儀》一卷，並行懺法一壇，於圓滿日，燃香二十一炷。至心祈求國家風調雨順、萬物生長、干戈永息、疾疫消除。

三十七歲春天，大師原本想動身前往武水（或為沅江，位於湖南省），但因多日的雨水，路上泥濘難行，只好就近在祥符寺掛單。在這裡，初次見到影渠法師和道山法師，彼此交談甚歡，大師便與兩位法師結為莫逆。這年冬天，大師病得很重，多虧兩位法師盡心調治，病情才逐漸好轉。

之後，大師又撰寫和講解〈金光明懺告文〉，祈願國家永遠止息干戈和疫癘，世人常修念佛三昧，求生淨土。

夏初，大師掛單於武水智月庵，並講述《占察善惡業報經》。當時大師就有作疏之願，但因重病纏身，無法如願撰寫《占察善惡業報經》的註釋。

這年，大師完成《述戒消災略釋》、《持戒犍度略釋》和《盂蘭盆新疏》等著作。

三十八歲春天，大師編輯《淨信堂初集》。在《淨信堂初集》自序中，大師提到：「原本從母親離世後，就停止寫作。後來，因研閱大藏經，又提筆著作。經過八年，文稿日積月累愈來愈多，並且雜亂不堪，弟子隨時記錄下來。」

大師生前刊行的文集《淨信堂初集》有八卷，共四冊，由其門人徹因法師筆錄。包含願文、書信、序跋、詩偈等共四百一十六篇，崇禎間刊本。可惜，未全部收入於《靈峰宗論》中。

由於這些年來多次的重病，大師生起離群隱居、以了殘生的念頭。根據大師的自述：「中歲多障多病」，從二十八歲到五十七歲圓寂，大師面臨多次的瀕死大病，可以說是九死一生，好不容易才存活下來。

這年，大師三十八歲，回顧一生，不勝悵然。他感慨地說：「予又病苦日增，死將不久。追思出家初志，分毫未酬，數年苦心，亦付唐喪。……故決志行遁，畢此殘生。」

從大師的著作中，表達「欲傳得一人，勿令最後佛種從我而斷，亦竟未遇其人。」以及「予運無數苦思，發無數弘願，用無數心力，不能使五比丘如法同住。」可以知道，大師出家多年致力於兩大志業，一是找到一位能續佛慧命的門人，接續其衣缽；二是促成如法的五比丘共住，以完成復興戒律的弘願，但迄今兩者都不能如願。

此時，大師正值壯年，但身體卻已孱弱，意志十分頹喪。如其自述：「夙障深重，病魔相纏，從此為九華之隱，以為可終身矣。」於是，大師決定前往九華山隱居修行，以了殘生。

主修閱藏著述

由於大師對地藏菩薩虔誠的信心、地藏法門的相應以及強烈的罪惡感（年少時的闢佛），希望藉由地藏菩薩的滅罪法門，來懺除業障。大師決意前往地藏菩薩的聖地——九華山隱遁，專心修行。在三月間，到了九華山，朝禮地藏菩薩塔。

此時，大師無法決定其修行法門，是先懺悔業障呢？或先修禪定呢？或著述弘經呢？還是先培福呢？只好向地藏菩薩祈願、占鬮，請地藏菩薩指點迷津，決定修行的法門（註三）。於是大師做四個鬮：
第一鬮，「懺悔業障」：即一心拜佛，懇求懺悔，希望能得到清淨的戒體。
第二鬮，「坐禪修定」：即參禪打坐，希望能夠斷惑證真。
第三鬮，「閱藏著述」：即廣閱並著述經論，希望能夠開啟智慧。
第四鬮，「植諸善本」：即多修善行，培養福報。
然後，大師認真修十幾天的加行法後占鬮，結果占到「閱藏著述」的鬮。於是，確定大師一生主要的修行方向——深入經藏，著述弘經。此後，大師的餘生，以「閱藏著述」成為大師主要的修行法門。

九華山雖然是修行的聖地，卻不適合生病的人居住。由於其地勢高峻，在三月間仍然很寒冷，即使穿著厚重的棉襖入睡，仍不覺有暖意。而且，當時生活條件很貧乏，大師常以米糠和豆腐渣度日；對體弱多病的大師而言，自然是雪上加霜，其健康狀況變得更糟。

此時的大師已是枯瘦如柴；偶爾與人見面，他人稱大師為「禪癯」，也就是瘦弱的禪者，大師原本也以為將會老死於此。

如大師在〈遣病歌〉描述：

九華峰頭雲霧濃，三月四月如隆冬；厚擁敝袍供高臥，煖氣遠遁來無從。
九華山中泉味逸，百滾千沸中邊蜜；捨取松毬鎮日煨，權作參苓療我疾。
我疾堪嗟療偏難，阿難隔日我三日；豈向旦暮戀空華，悲我知門未詣室。
是以持名日孜孜，擬開同體妙三慈；我病治時生界治，剎那非速劫非遲。

不管身體和生活條件的惡劣，大師繼續研讀大藏經千餘卷。接著，大師撰寫〈九華地藏塔前願文〉，祈求地藏菩薩加持，使念念憶菩提心，早成念佛三昧，決生彌陀世界。又撰寫〈亡母十周願文〉，祈願母親得生淨土。

大師到金陵參訪時，看到禪門的衰相，究其原因，主要是不重視教理，而導致戒律鬆弛。於是大師致力於復興戒律，努力促成五比丘如法共住，共同振興佛教，只是事與願違，多年努力，仍無法如願。

而戒律鬆弛的原因，是不重視和學習佛教的教理；大師認為天台的教理可以矯治當時禪宗的弊端，便專研天台宗，以整治當時佛門的弊病。因此，專心研究並弘揚教理及戒律，是大師壯年前期主要的修持重心。

綜觀以上所述，大師壯年前期主要的修持重心在於不忍聖教的衰敗，致力於研究戒律及天台宗的教理，精勤閱讀律藏，編纂《毗尼事義集要》，廣弘戒律，並結交益友成立毗尼社，努力促成五比丘如法共住，復興佛教。但是，歷經多年的努力，仍然無法如願。

大師不只是致力於小乘的律儀，而且極力弘揚大乘的菩薩戒。大師曾說過：「夫大小兩乘，皆首戒律，而大必兼小，小不兼大。」也就是說：大乘和小乘佛法都是以戒律作為最重要的一環，大乘的戒律必定兼融小乘的戒律，但小乘戒無法兼融大乘的戒律。例如，大乘的菩薩戒，包含攝律儀戒、攝善法戒、攝眾生戒等三聚淨戒；而小乘的律儀只有包含攝律儀戒而已。因此，大師的《重治毗尼事義集要》中，對於比丘戒條文的註解，主張必須與菩薩戒相對照，這是大師戒律思想的特色。

【註釋】

註一：僧人結夏安居的起因是，在佛陀的時代，印度的夏季雨季長達三個月，一切僧眾或在山間禪定，或在樹下經行，衣缽常為雨水所流失；而且，在夏季期間，地上的蟲蟻常出來爬行覓食；僧眾們沿路乞食，不免踩傷地面的蟲類及草樹新芽等。因此，佛陀基於慈悲，並避免居士的譏嫌，於是制定夏季三個月期間，僧人在界內精進用功。此謂夏安居。結夏的時期，分前中後三期。自農曆四月十六日至七月十五日三個月為前安居；自農曆五月十六日者至八月十五日三個月為後安居；始於其中間者，為中安居，其日數則為九十天。若遇到閏月，則超過九十天。僧眾結夏安居期間，除非是為父母、師長或三寶事，不得出界外，全心致力於修行，所謂「三月結夏，九旬安居」。

註二：《占察善惡業報經》是地藏三經之一。此經是釋迦牟尼佛即將涅槃時，為了救度業障深重的眾生，請地藏菩薩為眾生演說此法門；於是，地藏菩薩宣說占察木輪相法、占察懺法與一百八十九種善惡果報差別之相，以期藉修此法門，令眾生懺除業障、求得清淨戒律。此經的修行方法，是以持名、懺悔、兩種觀道（即「唯心識觀」和「真如實觀」）的三個階段，漸次悟入究竟的「一實境界」。對於罪障深重者，先由持名行，進而趣入懺悔行，令罪障減輕或滅除；再進而修「唯心識觀」和「真如實觀」兩種觀道，最終悟入究竟的「一實境界」。如此一來，可以獲得清淨的輪相。

對於罪業的輕重或罪業類別，依此經的三種輪相便可明瞭。也就是先占輪相，再行懺法；若是消除罪障，則在占輪相時會出現清淨的輪相。

關於《占察善惡業報經》，向來有許多爭議，有些學者認為此經是偽經，有些學者認為此經是真經；所謂偽經並非是其內容不是佛法，而是指此經是後人由其他幾部經典匯集而成的。

佛經的真偽，可以用「三法印」的真理來驗證，也就是「諸行無常」、「諸法無我」、「涅槃寂靜」；若符合「三法印」，就是真經；若不符合「三法印」，就是偽經。

學界判定此經是隋朝時代的譯作，可能是由於隋代就出現了此經的經名；但是，此經並沒有收藏於當時官方的諸經藏中；而且，因涉及占卜，所以隋朝就有人認為此經是偽經。當時有印度來華的婆羅門證明此經源自《六根聚經》，可惜《六根聚經》也未見其傳入中國。到了唐朝武則天時，以義理相合，雖然於史無據，仍列入佛經之中。

後人研究比對經文，發覺《占察善惡業報經》和馬鳴菩薩所寫的《大乘起信論》有很多雷同之處，因而懷疑馬鳴菩薩的論著有部分是抄自《占察善惡業報經》；不過，馬鳴菩薩的隨學者則舉證，認為應是《占察善惡業報經》抄自《大乘起信論》。然而，如果《大乘起信論》是符合佛說的論典，就沒有理由不能研讀《占察善惡業報經》。

註三：本章數次提到大師占鬮問佛，是否有違佛陀不許僧人占相吉凶呢？《佛遺教經》提到：「持淨戒者，不得……占相吉凶、仰觀星宿、推步盈虛、曆數算計，皆所不應。」為何大師會以卜筮決定自己的修行法門？大師如是註釋《佛遺教經》：「持淨戒者，不得……占相吉凶、仰觀星宿、推步盈虛、曆數算計，皆所不應。」謂此皆屬邪心求利，不算正規的因緣法，所以不與持淨戒者相應。

於《占察善惡業報經玄義》則云：依於（地藏）大士所示三種輪相，至誠擲視，名之為「占」；審諦觀其相應與否，名之為「察」。若是為自己或他人去除疑問，可以學習此法，不得隨逐世間卜筮法。簡而言之，此與一般的占卜是有別的。

大師認為，《占察善惡業報經》的卜筮是依據地藏菩薩所指示的三種輪相來決定，非邪心求利，所以不同於世間卜筮法。

因此，大師遇到難以決斷的事情時，例如：該用教下何種方式註解《梵網經》？或決斷自己的戒體為何？或該先修何種法門？甚至是否恢復比丘身分？大師都完全仰賴三寶加被，藉由占鬮來決定。

第六章　壯年時期的修行和弘化——後期

冀乘本願輪，仗諸佛力，再來與拔。至於隨時著述，竭力講演，皆聊與有緣下圓頓種，非法界眾生一時成佛，直下相應，太平無事之初志矣。

三十九歲時，夏、秋兩季，大師掛單於九子別峰，並繼續撰寫《梵網合註》。

九華山弘化

這年，如是法師遠從福建，拄著枴杖，長途跋涉來到九子別峰找大師。如是法師此行的目的是為了替他圓寂的師父肖滿法師累積冥福，因而特地請大師講解《梵網經》。一起聆聽大師講《梵網經》的有兩三位志同道合的法友。

大師精勤地宣講《梵網經》，愈發與法相應，滔滔不絕地宣講經文的要義，並且迅速地隨筆記錄下來，結集成《梵網經玄義》一卷及《梵網合註》（註一）七卷。之後，大師撰寫〈梵網告文〉，願此幻身，定生極樂。

《梵網經》提到：孝順父母、師、僧、三寶，孝順至道之法。孝名為「戒」，亦名「制止」，意謂父母生我色身，師、僧育我法身，三寶長我慧命；因此，都應該孝順；真能孝順，才是真正的持戒。

佛陀以孝順至道之法，規勸弟子奉行菩薩戒。所以，《梵網經》是以孝順心、慈悲心、恭敬心貫穿全經，冀望行人常存此三心，則不會造殺生、偷盜、邪淫、妄語等惡業，又能積極持守五戒、勤修十善，乃至六度萬行。

《梵網合註》初刊之板，存放在金陵古林庵。到了康熙時，沈書準應成時法師之請，重新刻板，並送到嘉興楞嚴寺正式編入大藏經。後來，流傳到日本，在元祿五年所刊之板，就是依據此版。

之後，大師結壇持誦地藏菩薩滅定業咒，行占察懺法，並檢討自身過失。因聽聞北平等中原各省饑荒連年，張獻忠和李自成等流寇作亂掠民；於是結壇百日，廣化出家、在家四眾弟子，虔誠持誦滅定業真言「唵鉢囉末鄰陀寧娑婆訶」十萬萬遍，祈求地藏菩薩慈悲加持，消弭刀兵劫難，令國土安寧，萬民安居。於圓滿日燃香發願回向，撰寫〈滅定業咒壇一百十日圓滿燃香懺願文〉。

後來，自觀法師從武水來九子別峰向大師請教有關《梵網經》和《楞嚴經》的要義。大師看自觀法師努力依教奉行，但是慧解不足；為此，大師特別作了〈壇中十問拶之〉，謂梵網是戒，楞嚴是宗乘，說明戒乘源頭、彰顯性修的旨趣。

此時，大師的實修和弘化，由偏重小乘的比丘戒律，轉向大乘的菩薩戒律為主，並且成為以《楞嚴經》的實性論為依準的行者。

在九華山的兩年生活，身體雖受病苦，精神層面卻大有進展。而且，這段期間奠定了大師「閱藏著述」的基礎，是大師教理思想趨向成熟的重要階段。

四十歲的夏天，大師從九華山下來，前往安徽的新安結夏安居。安居期間，大師再度清楚地宣說《楞嚴經》義理。

同年，大師編輯《絕餘篇》，撰寫〈陳罪求哀疏〉。

南方弘化

到了秋天，大師應約與如是法師去南方，前往福建的溫陵（晉江省的泉州）。經過長途跋涉，渡過洪塘，掛單於溫陵的開元寺。

四十一歲時，如是法師和一切法友極力請求大師為《楞嚴經》作註解。於是，大師在小開元寺撰述《楞嚴經玄文》（包含《楞嚴經玄義》二卷和《楞嚴經文句》十卷），這也是大師的代表作，清楚地闡述《楞嚴經》的妙義。

大師在《佛頂玄文》的後自序文中提到：

深痛末世禪病，方一意研窮教眼，用補其偏。雖徧閱大藏，而會歸處不出《梵網》、《佛頂》二經。

意謂大師深惡痛絕末法時代禪門的弊病，才專心一意研究教理，用以補正其偏頗之處。廣泛閱讀《大藏經》後，發現一切經論融會貫通處，仍不出《梵網經》、《佛頂經》二經所述說的道理。由此看出大師對《梵網經》和《楞嚴經》的重視。

大師認為《楞嚴經》是宗教司南、性相總要，一代法門之精髓，成佛作祖之正印也。他認為，性相二宗猶如波浪與水，從來不可分隔。因此，大師作《楞嚴經玄文》時，秉持一個原則：「固不敢矯古人而立異，亦不敢殉古人而強同。」可見大師的用心良苦。他以多年的教理和實修的經驗，至誠地撰著《楞嚴經玄文》，詮釋《楞嚴經》的奧義。

之後，《楞嚴經玄義》刊刻成書，刻板收藏於大開元寺的甘露戒壇。

不料，如是法師生重病，請大師助其念佛；未久，如是法師圓寂，大師為其助念，並撰寫〈誦帚師往生傳〉。傳文中提到，如是法師圓寂前，請侍者為其剃髮浴身；浴畢端坐，舉手而逝；臨終時，正念分明，神清氣定。

如是法師生性很節儉，破衫補履，數十年如一日。大師曾打趣地說：「舜視棄天下猶棄敝屣，師（如是法師）棄敝屣猶天下也。」如是法師回答：「某非故作慳態，愧薄德不堪消受檀信耳。」如是法師一生淡薄名利，能忍疲勞，晚睡早起，精勤禪誦。雖身患重病，也不懈怠，頗有古人之道風。

之後，大師又撰寫〈為如是師六七禮懺疏〉，敬邀同行，禮三千佛，大師恭敬燃臂香六炷，供養千佛，及法界三寶，並以禮懺及著述《梵網合註》、《楞嚴經玄文》等功德，回向給如是法師。之後，大師又作〈輓如是師詩〉，緬懷這位老實修行的法友。

四十二歲時，大師在漳洲（福建省雲霄縣）掛單，撰寫了《金剛破空論》，這本論是對《金剛經》的註釋。此外，大師也為《法華經》作了註釋，包含《妙法蓮華經玄義節要》及《法華綸貫》（綸貫意謂依《玄義》和《文句》，節取其大綱）。

這段期間，大師在溫陵為《華嚴經》、《楞嚴經》、《法華經》等三經作了《蕅益三頌》（有偶拈問答及重刻自跋）。之後，大師撰寫了《齋經科註》，闡述持齋的功德。

四十三歲，大師在溫陵的月臺冬安居。此時，有位郭氏向大師請教《易經》。此次晤談後，大師感到，如果僧人能通儒學，又能解釋《易經》，則能使儒家學者生起歡喜心，也有益於佛法弘傳。於是，大師開始撰寫《周易禪解》，藉以接引儒家的學者入佛門。文稿還未完成一半，就因事暫時擱置。

這年，大師供養泉州大開元寺《梵網經》六部，目前仍有兩部《梵網經》收藏在大開元寺內。卷末有大師親筆題文：「崇禎辛巳，古吳智旭，喜捨陸部，奉大開元寺甘露戒壇，永遠持誦。」

四十四歲夏天，大師自己編輯《閩遊集》，自述近四年流浪於溫陵霞漳之間的生活。《閩遊集》自序中，大師提到：

「打從我丙子年（三十八歲）臥病在九華山，就沒有再想過人世間的事情。戊寅秋，我實踐與如是法師的約定，到閩南一遊，本打算閉關靜坐的。不知道是否耳根不清淨，無端又生出了一些妄念與計畫？在溫陵、霞漳閒這四年，種種家醜大概也傳得眾人皆知了。有幾位道友，就苦於幫我辯解，說這些不是我的本意。但我個性執拗，不近人情，所寫的東西往往觸及當代的忌諱；流通這些文章的人，多半也不是愛惜我的人；但是，我早將身命，付諸龍天，也不敢自愛。因此，就再多寫些文章，讓後世知我、罪我的人公評。」

之後，大師從溫陵返回湖州（浙江省吳興），並撰述《大乘止觀釋要》。這年，靈峰山的大藏經完成裝訂成冊。

大師感念多年前與影渠法師和道山法師相識於祥符寺，彼此談論法義，十分契合。當年病重時，又蒙兩位法師盡心照顧大師的病體，病情才逐漸好轉。於是，著筆寫下《影渠道山二師合傳》。

大師有感於疾病和饑荒，造成民不聊生，所謂「斗米幾及千錢，已歎民生之苦。病死日以千計，尤驚業報之深。」大師撰寫〈鐵佛寺禮懺文〉，燃香五炷，供養法界三寶，發五種願。懇求法界三寶，證知護念。

四十五歲夏天，大師又回到靈峰山結夏。大師從三十五歲離開靈峰山後，一別就是十年，才重回靈峰山。至歲末結制，約研閱大藏經一千多卷。

大師四十六歲（西元一六四四年，崇禎十七年／順治元年），寫了〈遊鴛湖寶壽堂記〉。之後，大師又著作《四十二章經》、《遺教經》、《八大人覺經》等註疏，解釋經文的要義。

獲得清淨比丘戒

這年，大師雖精勤行懺，不得清淨輪相，煩惱習氣異常現起。所以，決定捨去菩薩戒和沙彌戒，退位為三歸依人（只是佛門的皈依弟子，並不具任何在家或出家的戒）。

同年七月三十日，大師撰寫〈禮慈悲道場懺法願文〉，願帝主、王臣、三世父母及一切眾生等，同成妙種。之後，大師又撰寫〈佛菩薩上座懺願文〉。

大師四十七歲，獲得比丘戒清淨輪相。自從去年（四十六歲）大師退位為三歸依人後，大師勤禮千佛、萬佛，並勤行占察行法，終於在這年元旦獲得比丘戒清淨輪相。

同年夏天，大師終於完成《周易禪解》的撰著。這部易學專書共十卷，長達十一萬多字，歷時三年半完成。

之後，大師又撰〈大悲行法道場願文〉，敬燃頂香六炷，供十方法界佛法僧寶，極樂教主阿彌陀佛，大悲心咒，總持祕要，千手千眼觀音大士。發六種願：一、干戈永息；二、五穀豐稔；三、兆民正信三寶；四、靈峰古剎復興；五、智旭多生惡習速除，功德圓滿；六、早日完成閱藏和著述二願。又燃臂香十炷，供十方三寶，發十種願，回向西方，普與含靈，同生淨土。

同年秋天，大師去了祖堂（江蘇省江寧）及石城（江蘇省江寧），在石城的萬壽庵研閱大藏經，共二千多卷。

這年，紫竹林顓愚大師（註二）派了七位弟子前來向大師學習經論。顓愚大師比大師年長二十歲，又親侍過憨山大師，為兼具教理和禪修的高僧。他看過大師的著作後，不但忘年結交，而且每次書信總是虛心向大師請教法義。

四十八歲，大師在石城掛單時，認識妙圓尊者，彼此談論佛法，十分契機；結為忘年之交，同住濟生庵。妙圓尊者喜歡大師的樸實，大師則敬重妙圓尊者的戒德禪定，彼此尊崇，行坐必當互相推讓。後來，妙圓尊者將一衲贈給萬德庵主人，並且囑附身後事，請庵主將遺骨放到江河中，普與魚蟲結淨土緣。三天後，妙圓尊者寂然坐逝。大師撰寫《妙圓尊者往生傳》，悼念妙圓尊者。

著述弘化

這年，大師撰寫〈占察行法願文〉。並且做三天的前行，七天的正修，如法結清淨壇，頂禮占察行法，六時行道，五悔（就是懺悔、勸請、隨喜、回向和發願）煉心。哀籲同體大悲，懇乞無緣拔濟。伏念眾生障垢，雖至重至深；

三寶洪慈，終不厭不舍；苟一念知改過，必隨許以自新。

四十九歲，大師撰述《唯識心要》，這是對《成唯識論》的深刻詮釋。大師認為，此宗至方至圓，精微而不迷亂，深細而不幻罔，詳明而有綱要；如果得不到妙悟，就不能窮盡深源；而《成唯識論》能夠明徹心要，對性相二宗的研究頗有裨益，故對其詳加詮解。

接著，大師完成《相宗八要直解》，是對《相宗八要》的註釋。大師不僅對原文作註釋，又依據自己多年實修的經驗，對原本的目次作了一些調整。《相宗八要》是明末雪浪大師從《大藏經》中錄出，是學習相宗的階梯。大師推崇雪浪大師，稱雪浪大師為「慈恩（窺基大師）再來」。

就淨土宗的著作而言，大師非常推崇淨土宗第八祖蓮池大師的《阿彌陀經疏鈔》，認為《阿彌陀經疏鈔》廣大精微；也非常推崇天台宗第三十祖幽溪大師的《阿彌陀經略解圓中鈔》；但是，大師認為這兩部注解對後學者恐怕都太深奧。因此，大師著述《佛說阿彌陀經要解》，顧名思義，這是對《佛說阿彌陀經》的註釋，也是大師對淨土教理的主要著作。

依大師自述，他是為了「初機淺識」者而作此要解，所以就忘記了自己的平庸和愚鈍；又說，此要解不敢與蓮池大師和幽溪大師表明不同的觀點，也不必與二位大師勉強相同，因為所利益的是不同的人群。

《佛說阿彌陀經要解》是依天台宗的釋經方式，闡述《佛說阿彌陀經》的五重玄義，說明此經以能說所說人為名，以實相為體，以信願持名為宗，以往生不退為用，以大乘菩薩藏無問自說為教相。大師認為：《佛說阿彌陀經》可以總攝一切佛教，《佛說阿彌陀經》的宗旨則可以信願行總攝。

《佛說阿彌陀經要解》中將「信」分為六類：信自、信他、信因、信果、信事、信理；「願」是厭離娑婆，欣求極樂；「行」則為執持名號，一心不亂。六字持名，念念信願具足，就能往生極樂淨土。大師認為，以信願為前導，以執持名號為正行，如此可不必加入參禪。

大師在《佛說阿彌陀經要解》中也提到：

菩提正道名善根，即親因；種種助道施戒禪等名福德，即助緣。聲聞獨覺菩提善根少，人天有漏福業福德少，皆不可生淨土；唯以信願執持名號，則一一聲悉具多善根福德。散心稱名，福善亦不可量，況一心不亂哉！

大師前半生致力弘揚戒律；但是在深入經藏後，點出了往生淨土的直接正因是「具足信願，一心稱名」。而且大師強調：「得生與否，全由信願之有無；品位高下，全由持名之深淺。」明白指出信願的重要性不亞於持名本身，而我們往往忽略了信願的重要性。

相對而言，我們一般認為重要的修行，例如布施、持戒、禪定等修持，大師反而認為這些是往生的助緣，而非主因；甚至，大師認為散心念佛也有無量的福報善根。這些觀點可能讓許多佛弟子感到不解或者驚訝，大師對這些觀點都有引經據典作為其論述之支持，在本書「示現」之後的「影響」部分會更詳細說明。

這一年，大師也完成《四書蕅益解》，是對《論語》、《孟子》、《中庸》

和《大學》的註釋。大師作此書原意是為了幫助徹因法師對禪觀的修習，藉由儒家的典籍，闡釋佛教的第一義諦。

大師約在三十五、三十六歲年間，開始著手《四書》的註釋；經過十多年，到四十九歲才完成定稿。然而，徹因法師早已撒手西歸，無緣拜讀大師為他而寫的書。

從大師〈寄徹因大德〉一文中，可以看出大師對徹因法師曾寄以厚望，將復興戒律的重任，寄託在他一人身上。大師在信中提到：「所有不絕如線一脈，僅寄足下；萬萬珍重愛護，養德充學，以克荷之。」但是天不從人願，徹因法師竟然英年早逝。

大師稱其著作為：「解《論語》稱為『點睛』，意在開出世光明；解《中庸》和《大學》稱為『直指』，談不二心源；解《孟子》稱為『擇乳』，目的在飲其醇，存其水。」簡言之，大師自謂他不過是用楔出楔，助發聖賢心印而已。

蕅益大師於前一年六月坐脫於紫竹林。今年，大師應大眾請求，為蕅益大師撰寫誌銘；大師作了〈紫竹林顓愚大師爪髮衣鉢塔誌銘〉，敘述顓愚大師的生平，紀念這位高僧的德行。大師也作了〈祭顓愚大師爪髮衣鉢塔文〉，文中最後提到：「翁之爪髮衣鉢倖存，則翁之道風未滅，必有聞而興起者，庶共砥狂瀾於末葉乎！」以此緬懷一代的高僧，也寓後世弟子承繼先師的志業，共同力挽狂瀾，為復興佛教而努力。

這年冬天，大師掛單於祖堂山的幽棲寺，自己編輯《淨居堂續集》。《淨居堂續集》自序文中，大師提到：

「我依照三寶之命，從福建到吳興，希望傳遞一點佛法的光明，但是困難很多。為了教法到處奔波，虛名一天比一天大，但是正事始終做不好；這樣下去，佛法心印也傳不下去了。古人說：久病成良醫；我也不是第一次遇到挫折了，如果有人硬要說我是為了虛名的人，應該是舉不出證據的。我自問，難道真的是為了名聲來做這些嗎？與其責怪別人寬恕自己，不如自我檢討；雖然後悔也遲了，但是總比不檢討來得好。所以，從壬午年（四十四歲）夏天到丁亥年（四十九歲）冬天，我自己結集了《淨信堂續集》。因為閱讀藏經及著述的心願，所以我暫時也還沒封筆、停止著述。」

這段話說明，大師至今還未停筆，是因為閱讀藏經及著述的心願未了，而不是為了獲取名聲。

大師五十歲時，成時法師來親近大師。有一天，大師回顧自己的一生，感慨地對成時法師說：「吾昔年念念思復比丘戒法，邇年念念求西方耳。」成時法師乍聽之下感到驚訝：為何大師不致力恢復佛世的戒律呢？後來，成時法師才知道真正的緣由。

其實，從大師出家前發的四十八願，可以看出大師在家時就發了菩提心。出家後專心一意宗乘。

徑山大悟後，徹見「近世禪者之病——在於無正知見，非在多知見；在於不尊重波羅提木叉，而非在著戒相也。」因此，大師致力於弘揚戒律和教理，力挽佛門的衰相。尤其，志求五比丘如法共住，令正法重興。

後來，無法如願找到五比丘如法共住；於是，大師專心一意求生極樂淨土，以期將來乘本願輪，仗諸佛力，再來救拔眾生。至於大師之所以竭盡心力地著述和講法，都是為了與有緣眾生結下菩提的種子。

這年冬天，大師自己編輯《西有寱餘》。《西有寱餘》自序文中，大師提到：「楚石大師往生前，告訴夢堂說：『我走了！』夢堂問：『大師要往何處去？』楚石大師回答說：『往西方去』。夢堂又問：『西方有佛，難道東方就沒有嗎？』楚石大師大喝一聲而往生。我很慚愧沒有楚石大師的德性，卻真的有如楚石大師般的志向。

「但是，四十九年的錯誤，現在後悔也來不及了；今年五十歲了，還整天像說夢話一般地沒個停歇，真是悲哀啊！莊子說：『先要有大覺悟，才知道這是一場大夢。』既然我都還沒覺悟，難免就會說夢話。《楞嚴經》說：『譬如一個睡得很熟的人說夢話；這人雖然沒有知覺，但是他說的話的內容，讓旁邊沒睡的人聽起來，還是有章法與內涵的。』我大概也是這個樣子，生平一些著作依照不同時期，各自編為《淨信堂初集》、《絕餘編》、《閩遊集》、《淨信堂續集》，這些都是夢話。

「到了戊子年（五十歲）春天，隨興寫些什麼，就請侍者保存，收集成冊叫做《西有寱餘》。過了百年以後，有大徹大悟的人，看到這些內容也應該覺得滿稀鬆平常的。」

到了壯年後期，大師則以閱藏、著述和說法為修行的核心。這些年，大師完成許多著作，思想也趨於成熟。例如，在九華山以撰寫《梵網經玄義》及《梵網合註》為主；在溫陵以註解《楞嚴經》為主，在小開元寺完成《楞嚴經玄文》的撰著；在漳洲以撰寫《金剛破空論》、《妙法蓮華經玄義節要》及《法華綸貫》為主，分別註解《金剛經》和《法華經》。此外，還有《四十二章經》、《遺教經》、《八大人覺經》等註疏，《周易禪解》、《唯識心要》、《相宗八要直解》、《佛說阿彌陀經要解》和《四書蕅益解》等重要著作。

綜觀大師壯年的這段期間，主要的法友包括：初期結拜的四位盟友，即惺谷法師、歸一法師、雪航法師和璧如法師四人，是以戒律為中心的結交的盟友；在後期也有四位重要法友，即如是法師、影渠法師、靈隱法師和新伊法主。

其中，如是法師對於性宗的《梵網》和《楞嚴》二經的注釋完成，大力協助；新伊法主則與相宗的《唯識論》思想有關聯。此外，前期的歸一法師與後期的影渠法師及靈隱法師三人，則與天台教觀思想有關聯，彼此在教理和實修上，互相切磋增上。

他們八位都是大師主要的盟友和益友；從大師的著作中，可看出大師和他們間關係密切，特別是前期的四位盟友。如惺谷法師、歸一法師和雪航法師等，大師認為和他們的交往，「彼益既大，我益亦深。」在法上，彼此互相幫助；甚至在惺谷法師病危之際，大師不惜割股救友，可見其友誼情深。大師曾說：「生我者父母，成我者朋友。」在菩提道上，彼此惺惺相惜，互相切磋、扶持，共同向前邁進。

然而，青年時期，大師父母相繼離世；壯年時期，大師又飽嘗盟友相繼離去的無常之苦。這些經歷，對大師後來在行持上的轉變，也產生了重要影響。

【註釋】

註一：《梵網合註》又作《梵網經心地品合註》，係《梵網經菩薩心地品》之註釋。明代蕅益大師所著，如是法師校訂。崇禎十年（西元一六三七年）完成，收於卍續藏第六十冊。

大師認為，《梵網經》能夠指點真性淵源，確示妙修終始，戒與乘並急，頓與漸同收。兼備《華嚴經》和《法華經》的奧義，總攬五時八教的大綱。雖然文僅存一品，但其義理貫通全經。

大師為彰顯《梵網經》的內容，論述「無作戒體」之性、因、緣、體、相、期、果等七句之勝義，並略解十重四十八輕戒，乃至此等戒律儀則與孝順等一般德目之關係。此外，又設立十門，來解說戒相，即：一、隨文釋義；二、性遮重輕；三、七眾料簡；四、大小同異；五、善識開遮；六、異熟果報；七、觀心理解；八、懺悔行法；九、修證差別；十、性惡法門。

註二：蕅愚大師（西元一五七九至一六四六年）是明末清初的臨濟宗高僧，曾參謁紫柏大師，是五臺空印大師的法嗣，也得到憨山大師的禪法，最後匯歸於蓮池大師的淨土。所以，他開示的法語直捷廣大。明崇禎年間應請任雲居山（江西省九江市）真如禪寺住持，重振宗風，恢復綱紀，中興古道場。六十五歲時，應請常住卓錫石頭城（南京）紫竹林；其原本已是荒地，但蕅愚大師常住後，便蔚為叢席。丙戌年（西元一六四六年）六月坐脫於紫竹林，僧臘五十四歲，世壽六十八歲。圓寂後，弟子以陶器奉全身，供於林之山陽。次年弟子將其靈骸從山陽迎龕塔葬在雲居山，塔名為「蕅愚觀衡和尚全身法塔」。於是，金陵的僧俗，將其所存爪髮衣鉢，在山陽建塔供養。著有《圓通懺法》、《楞嚴金剛四依解》及《紫竹林全集》。

第七章　晚年時期的修行和弘化

不願成佛，不求作祖；不肯從今，不敢畔古。念念思歸極樂鄉，心心只畏娑婆苦。六字彌陀是話頭，千磨百難誰能阻。

大師晚年時期（五十一歲到五十七歲）的修行和弘化的歷程是否延續青壯年時期的閱藏和著述呢？其實，大師晚年是以一心一意念佛，求生西方極樂淨土為其修行的核心；而著述和說法等利生事業，則是次要的修行。這是大師示現給後世弟子的修行風範。

安住靈峰

大師在〈山客問答病起偶書〉提到，靈峰山有五美、四惡。

五美是什麼呢？一、泉水甘美而且充沛；二、聽不到朝廷官職的升遷或降黜等俗事，便不會干擾修行；三、暑夏不酷熱；四、冬天雖冷，燒柴火足以禦寒；五、蚊蟲很少。

四惡是什麼呢？一、生病時，就醫困難；二、貧困時，借貸困難；三、大風起時，風勢大到可以刮起屋瓦；四、土質貧瘠又多砂礫，所生長的五穀蔬菜味道都不好。

由此可知，當時靈峰山的生活條件匱乏；但是，這四惡對修行人而言，不難克服。因此，靈峰山成為大師晚年修行的勝地。

五十一歲九月，大師從金陵回來靈峰山（浙江省安吉縣）。大師撰寫〈北天目靈峰寺二十景頌〉，藉由二十個偈頌，讚歎靈峰山的二十美景，有山峰、峽谷、坪巖、洞窟、池流和泉石，美輪美奐。大師認為，雖然此處不是淨土，但自己願在此化城安度餘年。由於大師晚年久居此處修行，故世人亦尊稱其「靈峰蕅益大師」。

同年十二月，大師努力撰寫《法華會義》，乃是對《法華經》的註釋，到隔年正月大功告成。大師認為，《法華經》乃是「諸佛世尊，唯為開示眾生佛之知見，出現於世。」意謂佛陀以一大事因緣降生於世上，就是開示眾生悟入佛的知見；換言之，諸佛之所以降生在世上，目的就是為了開啟眾生自己本具的佛性，引導眾生成就佛果。

大師繼續闡釋：所謂佛之知見，是「現前一念心」的實性；現前一念，是不自生、不他生、不共生、不無因生；未生時它沒有潛藏處，欲生時它沒有來處，正生時它沒有住處，生以後它沒有去處。心無心相，其性無生，無生便無住、無異、無滅；無生、住、異、滅，即是真法性，橫遍豎窮，不可思議。諸佛出現於世，就是為了引導眾生了悟現前一念心的實性。

五十二歲，大師在北天目靈峰山結夏，全心研究毗尼（戒律）。大師認為，末世的眾生想要得到清淨的戒體，只有依賴占察輪相占得清淨相，沒有其他的方法。大師本身非常推崇《占察經》與占察懺法，曾說過：「此經誠末世救病神丹，不可不急流通。」

大師是用占察輪相決定自己是否得到清淨戒體。例如，三十五歲時，依占察木輪相法及懺悔清淨法，占得菩薩沙彌鬮；因此，同年自己退為菩薩沙彌，並發心禮占察懺法。四十六歲時，大師雖精勤行懺，不得清淨輪相，又退為三歸依人。之後，大師勤禮千佛、萬佛及占察行法，終於在第二年（四十七歲）元旦獲得清淨輪相，得到比丘戒的清淨戒體。由此可以看出，大師對《占察經》與占察懺法的信心至深，才會完全依占察輪相來決定自己的戒體。

其實，大師早在三十七歲講解《占察善惡業報經》時，就有作疏之願；但因重病纏身，無法如願撰寫《占察善惡業報經》的註釋。大師終於在五十二歲這年的六月，完成撰述《占察善惡業報經疏》的心願。

大師在《刻占察行法助緣疏》極力讚譽此經，曾說過此《占察善惡業報經》實在是末法時代多障眾生的第一津梁。他認為，此經是由堅淨信菩薩殷勤勸請，釋迦牟尼佛珍重付囑流通。此經對每一種根器的眾生都能利益，包涵四種悉檀（註一），意謂本經涵蓋全部佛法的四大宣教法門於其中。

此經還可以滅除所有的迷障；三種輪相與兩種觀道，都兼具佛法的教理與修行的實務，沒有偏廢，又詳細說明懺悔的法門。藉由觀想有相的供養，達到罪業無生的體悟，亦觀想自身與法身無二無別。雖然運用種種善巧方便的方法，卻又不違背實相的最勝義諦。

《占察善惡業報經》雖然只有兩卷，但其內容包括佛陀所宣說一切教法的大綱，提綱挈領地明示性宗、相宗及禪宗的要領，道盡佛陀為利益眾生的妙典。

大師從三十五歲依占察輪相占得菩薩沙彌鬮後，捨比丘戒退位為菩薩沙彌，從當時至今已過十多年了，毗尼之學仍無人研究和弘揚。原本能力行戒法的徹因法師、自觀法師和僧聚法師等三位比丘都已經往生，戒學也就乏人問津。

這年夏天在靈峰山安居時，有十幾位有心學習戒律的比丘，請大師重講毗尼，大師便將以前所輯的《毗尼事義集要》重新斟酌一番。雖然這些文稿有採用各家的優點，但沒有進一步做到逐一折衷；而後來撰寫的《問辯》、《音義》這兩本書，至今還沒有付印。因此，大師將其一併會入《毗尼事義集要》而重新整理編輯，並刪去其中繁雜的部分，使整本關於戒學的書更加簡明切要，並重新取名為《重治毗尼事義集要》，這是一本很重要的律學著述。

同年六月二十一日，大師撰寫《重治毗尼事義集要》的序文。序文中大師提到，自己出家、在蓮池大師的遺像前自受比丘戒和菩薩戒，閱讀律藏並編輯戒學的資料成冊，以及努力弘揚戒法，到最後編撰成此書的經過。

安居圓滿後，大師重拈得自恣芳規。所謂「自恣」，新譯為「隨意」，係指每年雨季夏安居末日，大眾就見、聞、疑三事，任由眾人恣舉自己所犯之罪，並對著其他比丘作懺悔，藉以反省修養，即得懺悔清淨，自生喜悅，稱為自恣。

此時，大師倍感悲欣交集。於是，感慨地寫下這首詩偈：

秉志慵隨俗，期心企昔賢；擬將凡地覺，直補涅槃天。
半世孤燈歎，多生緩戒愆；幸逢針芥合，感泣淚如泉。
正法衰如許，誰將一線傳；不明念處慧，徒誦木叉篇。
十子哀先逝，諸英喜復聯；四弘久有誓，莫替馬鳴肩。

藉此詩偈，大師百感交集地抒發自己不自量力為了復興戒律所做的努力。

同年八月初八日，大師撰寫《重治毗尼事義集要》的跋文。跋文的大意是：戒律混淆已經很久；戒律沒有辦法彰顯的話，教理怎麼可能彰顯？如果教理無法彰顯，宗門的心法又如何得以彰顯？賢達的人對戒律的解釋與遵守太過，而一般的人對戒律遵守與理解又太鬆散；更何況，一般流俗的想法已經深入人心，即使告訴他們佛法正統戒律的本旨，可能反而會驚訝地認為荒誕且不切實際。佛在世時流傳下來的五百卷戒律典籍，隨意看看擺著，這又教人怎麼能接受？基於對振興正法的一絲良知，藉著佛法流傳的典籍做為一扇窗，編撰這本《重治毗尼事義集要》；如果有人照著這本集要而認真實行，能安穩達到斷煩惱的清涼池是殆無疑義的。

大師完成《重治毗尼事義集要》後，寫信給寶華山的見月律主，談及自己最近完成的《重治毗尼事義集要》，並讚歎見月律主遵從古來的律法，弘揚戒律，希望能與見月律主見面切磋。大師在信中提及：

「最近聽說上座您，奮金剛志，秉智慧炬，遵從古來的律法，將時下的弊病根除，我就高興地睡不著，希望能與您見個面，並把我所學的貢獻給您，希望對您有些幫助，使得戒律的層次回歸到該有的定位。如果這樣能讓您的大作更加完美，我也因此不會有遺珠之憾。今年夏天我重新將《毗尼集要》仔細整理過一遍，並重新編撰成稿，頁數跟之前相去不遠，但已刪除繁複的內容以及補上重要的義理，這樣就更加精煉，並且讓具備法眼的善知識能看到。」

這年冬天，大師又回祖堂山的幽棲寺。大師從四十六歲的冬天直到五十一歲的秋天，大都在幽棲寺、長干（江蘇省江寧區）的大報恩寺（是憨山大師剃度的寺院）及石城北的濟生庵度過，但主要以幽棲寺為主要常住寺院；成時法師也是這裡拜會並依止大師。

大師五十三歲那年，長干春季大雨，造成民不聊生，設賑粥場十多處所。大約一百天，共募得一萬兩銀子，並廣濟飢民七十多萬人。

同年夏天，大師在長干結夏安居。大師結夏的時候，就想解夏之後要入山閉關四年；而解夏當天，幹公邀請大師四年後冬天主持法華道場。因為幹公是長干地方上有名望的長者，曾在大報恩寺出家，也曾在博山禪師座前受戒，他同時也景仰蓮池大師和憨山大師。大師心想，也許自己在四年之後，修行功夫已有長進，就答應幹公的邀請。

同年九月，大師又回到闊別十多年的西湖寺。回想當時大師正值三十五歲的壯年，為了復興戒律的心願，大家同心協力建造了西湖寺，並在西湖寺結夏安居，大師也為九位僧人詳細講解《毗尼事義集要》。非常遺憾的是，並沒有維持多久，歸一法師便背盟離去，大師也悵然離開。這二十年的過往，可說是大師一生中很大的遺憾。

如今五十三歲再度重回故地，他無限感慨地寫下：「風帆破浪陟危岡，轉憶交情空自傷；七十二峰明月在，千秋逸興付波光。」意謂，雖然金庭山的七十二峰景觀依舊在，但昔年的心願（復興戒律）卻如同時光般流逝了。

同年冬天，大師返回靈峰山，並重新修訂「選佛圖」，又稱為「十法界圖」，傳聞創自捺麻僧。這是一種類似現代大富翁「走格子」的遊戲，藉由擲骰子決定參與者的前進後退。這個「佛教遊戲圖」是由當時民間流行的「升官圖」遊戲改良而成；後來歷經數代大德地不斷發揚，流傳於各地。

大師認為，流傳的版本中，以幽溪無盡大師版本的「選佛圖」，最貼近十法界的輪迴流轉。大師之所以修訂「選佛圖」，是因為看見法友們沉溺於賭博下棋；於是，想要把他們的遊戲換成幽溪無盡大師所作的「選佛圖」，無奈遍尋不獲。

大師遂仿照幽溪大師「選佛圖」的意旨，自己製作一張圖，以彰顯十法界升沉之因果關係，以及聖凡因行、種性差別等之宗門教說，由發始因地至圓極果位，凡歷十五門，詳載人天、善惡、三學、四教等，欲使學者由此圖而悟知三世因果之來源與一乘佛法之修進，接引人人念佛，求得成佛。

「選佛圖」將凡夫到成佛的次第以及含義解釋得很清楚，可以使人在遊戲中得到潛移默化，認識到在六道中反覆輪迴、想要跳脫三界的困難。如果證小乘初果、大乘初信或得生淨土，則不再墮入輪迴，遲早一定會進入佛位。

撰寫《八不道人傳》

大師在五十三歲時，作了三十三首〈自像贊〉，其中的第十八首偈子提到：

生平過失深重，猶幸頗知內訟；渾身瑕玷如芒，猶幸不敢覆藏。
藉此慚愧種子，方堪送想樂邦；以茲真語實語，兼欲寄誡諸方。
不必學他口中，瀾翻五宗八教；且先學他一點，樸樸實實心腸。

大師自認生平過失深重：幸運的是我很會自我反省（內責）；我渾身缺點

像芒草一樣多，還好我也不敢隱藏。藉著這些慚愧種子，才有希望與期待有一天能夠往生極樂淨土。

同時，大師也苦口婆心並真誠地勸勉大家，「不必學別人滿口教理，能夠詳細解釋五宗八教的教理，先學別人一點樸實心腸就足夠。」因此，大師非常重視從心地下功夫，具有樸實的心腸，並且專修淨土。

「五宗」是指禪宗「一花開五葉」——六祖惠能之後所分出的臨濟、曹洞、偽仰、雲門、法眼等五宗。「八教」則是天台宗所立之「化法四教」——藏、通、別、圓，及「化儀四教」——頓、漸、祕密、不定，合為八教。大師認為，「五宗八教」都收在一句佛號中。

大師五十四歲在晟谿（可能是浙江省嘉興的長水附近的小地名或寺名）結夏安居，並著手草擬《楞伽義疏》，這是對《楞伽經》(註二)的註釋。八月間，大師遷到長水南郊的冷香堂，原本打算在這裡完成《楞伽義疏》。

大師曾在五十歲那年，自己編輯《西有寱餘》。所謂「西有」，是取自大師同時宣說二有「西方極樂世界真有，阿彌陀佛真有」，「寱餘」是說夢話的意思。書名由來是依據大師的自述：「蓋雖念念思歸樂土，而利人之夢仍未忘也。」

五十四歲秋天，大師又編輯《續西有寱餘》。依據大師的自述，由「波旬效力，助破夢中利人之想」及「萍漂吳水，梗泛吳波，寱語從此息矣！此後如孤雲野鳥」的文句中，不難發現，大師這年在想法上有了一些的變化。對於自己過往四處奔波的做法，也開始有了想轉變方式的念頭。

果然，不久之後，大師決定隱居；但僧俗大眾擋住去路，讓大師無法成行。之後，僧俗大眾請求大師講述行腳的過程。到了十二月，大師開始草寫自傳。到了冬天，大師就在長水營泉寺掛單。大師自念行腳講得不夠盡致，因此又撰述此傳記，名為《八不道人傳》。

大師晚年自稱「八不道人」，意謂：

古者有儒、有禪、有律、有教，道人既蹴然不敢；今亦有儒、有禪、有律、有教，道人又艴然不屑，故名八不也。

大師認為自己無法媲美古代的大儒家、禪者、通達教理者、持律者，卻也不屑於現代虛有其名的儒者、禪者、通達教理者、持律者，因此自號為「八不道人」。

大師心目中理想的修道人風範是：

骨宜剛，氣宜柔；志宜大，膽宜小、心宜虛，言宜實、慧宜增，福宜惜；慮宜遠，思宜近；事上宜虔，接下宜謙，處同輩宜退讓。

白話地說，就是風骨宜剛直，氣質宜柔和；志向宜遠大，膽子宜小；心宜謙虛，講話宜實在；智慧宜增長，福報宜珍惜；考慮計畫能以長遠心，思考事情又能兼顧實際的近況；對長輩要虔敬，接待晚輩要謙虛，與平輩相處要退讓。

而且，發心要純正，要真為生死、為圓成菩提，以戒定慧三學為修行綱要，以念佛法門為自度度人的舟筏。大師力倡佛弟子當具「埋頭苦志，力學三法，一一澈其源底」，切勿貪求名利、固守門庭，如此佛門法運才能夠轉衰為盛。

這時，大師住在長水，並閱讀《大藏經》千卷。

五十五歲春天，大師經過故鄉古吳，小住幾天。此時，成時法師提到《八不道人傳》中所列的著作不完整，請大師補充；於是，大師刪改部分《八不道人傳》，並增加幾句話。因此，從古吳傳至留都的這版本，與長水的版本有一些地方不同。

著作《選佛譜》

同年夏天四月間，大師前往新安（安徽省的地名），並在歙浦的天馬院結後安居。大師受到弟子成時法師的邀請，前往成時法師的故鄉歙縣弘法。這段期間，大師主要弘法的地點，是歙浦的天馬院、迴龍精舍和棲雲院，以及歙西的仁義院等地方。

同年五月，大師在歙浦迴龍精舍著作了《選佛譜》，共六卷。《選佛譜》

與「選佛圖」的差別在於：「選佛圖」是以圖形呈現十法界的升沉情形，仍是一個遊戲式的善巧工具；《選佛譜》則是以文字說明「選佛圖」各種名相的意義，以及遊戲規則背後所對應輪迴升沉的教理。

大師在《選佛譜》序文提到：「最早提出『選佛』一語的是禪客點悟丹霞尊者；而『選佛圖』傳聞創自捺麻僧。

「在己未年，我二十一歲時，曾在留都的市集間，買到一張升佛圖，次第順序混亂，實在不值得一顧。到癸亥年（二十五歲），我偶然間在武林蓮居，隨喜取得一張選佛圖，乃是幽溪無盡大師所作，完美顯示十法界上升沉淪的道理。到了乙丑年（二十七歲），又在松陵獲看到一圖，雖然把三教合一的觀點納入，但是理路不清楚，不足為取。到了己巳年（三十一歲），我在靈谷看見法友們沉溺於賭博下棋，便想把他們的遊戲器具換成幽溪無盡大師所作的選佛圖，卻找不到了。

「因為遍尋不獲，我就仿照幽溪大師選佛圖的意旨，自己製作一張圖。又增加聖道凡夫因地之行，以及各個眾生種性的差別，以彰顯各種不同根機。並設『無根信位』及『大權護法』兩種位階，以開啟圓通轉圜之路。

「五逆極惡而心地凶猛的眾生，可以依照《觀經》而能回歸淨土；阿鼻地獄本來極為痛苦，也可依照《華嚴經》而直接登入兜率天。各天界的天人因為福德受盡而墜落之苦；無色界的果報盡時，也有輪迴轉世之殃。全都本著教理，並非出自個人猜測。

「幽溪大師只用骰子一輪，所以六道的提升、沉淪轉變受到限制。我這個版本的選佛圖，每次用四個輪骰一齊擲，故轉變靈活，投生的可能性沒有限制。

「到了辛未年（三十三歲），這圖在江蘇吳地一帶印刷發行，流通已廣。後來，在古杭西山一帶，發現另有兩個版本的選佛圖，但不完備，所以流傳不廣。辛巳年（四十三歲），我住在漳南時，每每想到吳地所刻印的版本，還是有不妥之處，所以又改了一版圖。擲輪的時候，改成用六輪，至此才有任一法界都能輪迴流轉十法界；每次一擲，對輪迴流轉的升沉差異，更加明顯。

「癸未年（四十五歲）春初，在浙江嘉興西南一帶刻印發行。但是，六輪一擲，六個字分別陳列，好壞折抵明確後才能行動，對於心浮氣躁之人，往往覺得麻煩。辛卯年（五十三歲）冬天，回到靈峰山，我深念此圖利益，能使人在遊戲間頓然知曉六道往還的疲苦以及三乘出離方法的差別，實在不可思議。

「幽溪一圖稍微簡陋，我之前作的那兩張二圖卻顯得繁複。因此，展轉思考，竟然整晚沒睡。後來想到，只用二輪，讓擲行更為方便；如此一來，雖易於行動變化，但仍多轉變。於是手繪了一張新圖，普遍邀請僧俗二眾試玩，大家都說這個版本好極了。他們告訴我，此圖一旦流傳開來，真的足以令人通達一切佛法。他們請我再寫《選佛譜》，說明其中的詳細意義，讓愚者可以藉此了知世出世間道理；就算智者，也不敢隨便將世、出世間的道理主觀地增加或減少。」

《選佛譜》完成之後，大師閱讀永明延壽禪師所著之《宗鏡錄》，並刪改法湧、永樂、法真這些人士所收集的一些雜說、引用經論的錯謬以及歷來抄寫刻印流傳的錯誤；對於三百六十幾個問答，一個一個地定出其大義，而且標註每個段落文章的起點與終點。大師審閱完後，七月又作了「校定《宗鏡錄》」的跋文四則。接著，大師又將《袁宏道集》刪減並淘汰部分的內容，將剩下的一冊取名為《袁子》。

到了八月，大師雲遊黃山和白嶽等地方。黃山位於安徽省的皖南山區，其有名的山峰約有七十二座，各有特色。黃山以奇偉俏麗、靈秀多姿著稱，是中國名山的代表，自古就有「五嶽歸來不看山，黃山歸來不看嶽」、「天下第一奇山」之稱。而齊雲山，古稱白嶽，與黃山相對峙，是中國道教四大名山之一、五大仙山之一，素有「黃山白嶽甲江南」的美譽。

同年冬天，大師在歙浦的天馬院結冬安居，並撰寫《起信論裂網疏》。這年，大師在歙浦的棲雲院講解《彌陀要解》，解釋經義並分科；大師有些新的見解，與先前的著作不同，由性旦法師節錄其內容。大師五十六歲病中，又口授好幾處，請門人弟子紀錄並改正，名為「歙浦本」，也就是今天看到的

《十要》流通本。

大師五十六歲時，正月應豐南仁義院（歙西）的禮請，前去說法。開示後，大師離開新安。

二月間，大師重回到靈峰山，自己編輯《幻住雜編》。在自序文中，大師提到：

「從辛未年（三十三歲）冬初，第一次到靈峰山，迄今經過二十四個年頭；幻緣不定，進出多次。在靈峰山安居過幾次，曾在辛未年（三十三歲）冬安居、壬申年（三十四歲）夏安居、癸未年（四十五歲）夏安居、甲申年（四十六歲）冬安居、己丑年（五十一歲）冬安居及庚寅年（五十二歲）夏安居。

「癸酉年（三十五歲）、甲申年（四十六歲）的春天，以及辛卯年（五十三歲）冬天，都只是暫時入山，很快又出山；席不暇暖，豈不是辜負靈山之美？甲午年（五十六歲）仲春晦日，從新安歸回，才下定決心謝絕他緣，立志安住此山。以前名為「幻游」，現在改名為「幻住」。偶爾有一些著述，便彙編名為《幻住雜編》。」

到了夏天，大師雖然臥病，仍撰寫〈西齋淨土詩〉；並且製作禮贊文，補入《淨土九要》中，名為《淨土十要》。

撰述《淨土十要》、《閱藏知津》、《法海觀瀾》

在《淨土十要》中也收錄了元朝妙葉禪師所著《寶王三昧念佛直指》的〈十大礙行〉，名〈十不求行〉。〈十不求行〉的內容如下：

一、念身不求無病

身無病則貪欲乃生，貪欲生必破戒退道。知病性空，病不能惱，以病苦為良藥。

二、處世不求無難

世無難則驕奢必起，驕奢起必欺壓一切。

體難本妄，難亦奚傷，以患難為解脫。

三、究心不求無障

心無障則所學躐等，學躐等必未得謂得。

解障無根，障既自寂，以障礙為逍遙。

四、立行不求無魔

行無魔則誓願不堅，願不堅必未證謂證。

究魔無根，魔何能擾？以群魔為法侶。

五、謀事不求易成

事易成則志存輕慢，志輕慢必稱我有能。

成事隨業，事不由能，以事難為安樂。

六、交情不求益我

情益我則虧失道義，虧道義必見人之非。

察情有因，情乃依緣，以弊交為資糧。

七、於人不求順適

人順適則內必自矜，內自矜必執我之是。悟人處世，人但酬報，以逆人為園林。

八、施德不求望報

德望報則意有所圖，意有圖必華名欲揚。明德無性，德亦非實，以市德為棄屣。

九、見利不求沾分

利沾分則癡心必動，癡心動必惡利毀己。世利本空，利莫妄求，以疏利為富貴。

十、被抑不求申明

抑申明則人我未忘，存人我心怨恨滋生。忍抑為謙，抑我何傷？以受抑為行門。

大師在〈十大礙行〉的跋文提到：

「佛祖聖賢，沒有一個不把逆境當作大熔爐來鍛鍊自己的。佛陀初轉法輪時，宣說四聖諦，而苦諦就放在第一位，又說八苦為八師。倘若還存在著一念喜歡順境而嫌惡逆境的情緒，終究會如同那些枯葉爛草一般，又怎麼能像松柏那樣在冰霜風雪之中挺立呢？

「美玉不經過琢磨加工，是不能成為一件好玉器的；生鐵不經過鍛鍊，是不會成為好鋼的；鐘不敲不響，刀不磨不快。哪裡有天生的彌勒菩薩、自然而成的釋迦佛呢？如果想成為聖賢，或是成佛作祖，必定要能夠做到忍受人唾罵，就好像飲用甘露水；碰到橫逆的事就像見到寶貝，這樣才能安心在患難中接受考驗。能在患難的環境中修行，才能在這五濁惡世中，種下往生西方淨土的種子，才能像青蓮一樣出汙泥而不染，也才能登高位而不退失。

「如果平時到處說自己怎麼用功念佛、求生淨土，一旦遇到不如意的時候，就悔恨交加、悲嘆不已；要是這樣的話，這個人念佛三昧修不成，往生西方也沒保證。只有用〈十大礙行〉來檢測自己；倘若能在病時、難時，甚至於受抑制、受排擠、受打擊時，仍只是一味地增強念佛的信心，明白苦難終究是空的，不怨天、不尤人，往生西方的蓮花就會日日增長，才真正稱得上是三昧寶王。」

夏天過去，大師的病也痊癒了。

同年七月，大師著述《儒釋宗傳竊議》。八月間，大師繼續研讀完大藏經。九月間，大師完成《閱藏知津》、《法海觀瀾》二書。

《閱藏知津》是關於研讀《大藏經》的次第，由淺至深的順序，分成經藏、律藏、論藏、雜藏等四個部分，這是一部佛經目錄學的著作。

大師在《閱藏知津》自序中提到：「我三十歲時發心閱藏。次年在博山遇到璧如法師；璧如法師知道我在閱藏，便諄諄囑咐我依據《大藏經》的經義，加以分類與詮釋的次序來編輯成佛經目錄學，以利後學。於是，我每次研讀《大藏經》時，便隨時記錄下來。在龍居、九華山、溫陵、幽棲、石城、長水、靈峰山等地，我從未中斷閱藏和記錄。經過二十多年，終於完成此書。」

由此看來，大師持續閱藏，並用心記錄、著作成書，與壁如法師的諄諄囑咐有很大的關聯。

至於《法海觀瀾》，則是大師將閱讀《大藏經》的方向寫成指南。大師在《法海觀瀾》自序中提到：如果想遊歷浩瀚佛海，先要有戒律之舟；倘若戒律清淨，則「解」、「行」可依循；若是行門圓滿，則祕密方能證得；倘能證入，則依果自嚴。因此，首重律宗，可闡明造業修行之始；其次是各種教理，闡明開悟解入之道路；再其次是禪觀，闡明實踐之行為；再者為密宗，闡明感應之微妙天機；最終是淨土，闡明自、他修行共同歸屬之處。

大師認為：

無解行之戒，非戒也。無戒行之教，非教也。無戒教之禪，非禪也。無戒行及禪之密，非密也。非戒、非教、非禪、非密，則非淨土真因也。非有四種淨土，則戒教禪密無實果也。非真因實果，則不顯非因非果之心性也。不顯心性，則無以觀法海甚深無量，而徹其涯底。故以五門之瀾，為觀法海之術，願與同志者共之。

此段話意謂：沒有解、行的戒，算不上戒；沒有戒、行之教理，算不上教理；沒有戒、教之禪宗，算不上禪宗；沒有戒、教及禪之密，算不上密宗；如果沒有戒律、教理、禪修以及密宗之修行，也就不是淨土的真實因。如果沒有四種淨土（凡聖同居土、方便有餘土、實報莊嚴土、常寂光淨土），戒、教、禪、密，就沒有真正的成果。算不上真因實果，當然也就無法顯露「非因非果」之心性。本心自性無法彰顯，則沒有辦法觀照法海的甚深無量。為能通徹佛法的最深奧祕處。因此，以五種法門（戒、教、禪、密、淨）之浩瀚，作為觀照通徹完整佛法海之方法，希望與有共同志向的人共勉之。

九月一日，大師撰述〈閱藏畢願文〉。大師在〈閱藏畢願文〉中提到，大師研讀南北兩種藏經版本，發現都已模糊且失次第。有的權說實義夾雜，難以分辨；有的經與論名字搞反；有的真假難辨；有些行文精妙與樸實的經典混同，難以辨別。雖然宋朝有「法寶標目」，明朝有「彙目義門」，但並未盡美盡善。於是，大師自認不揣淺陋，寫了《閱藏知津》、《法海觀瀾》二書；假如不違背佛法宗旨，希望完成以後，可以對外印製流通。

大師一生中閱讀律藏三遍，大乘經兩遍，小乘經、大小論及兩土（印度與漢地）撰述各一遍。大師認為，僧眾閱藏首先閱讀律藏，作為僧眾的生活規條，明了開遮持犯等規定。而閱讀律藏，首先為四分律，其次僧祇律，其次十誦律，其次根本律，其次五分律，其次善見毗尼母等；諸家傳授不同，各有制戒的精神，須深入探究。

端坐圓寂

五十六歲那年，大師完成《法海觀瀾》、〈閱藏畢願文〉之後，到了冬天十月，大師又生病，病中寫了兩首〈獨坐書懷〉：

(一)剋期取果志，慚愧未能酬；病後知身苦，貧來幻想休。

但將三際念，總附四弘舟；彈指歸安養，閻浮不可留。

(二)半世傾腸腑，寥寥有幾知，庶幾二三子，慰我半生思。

捨盡從前得，方開格外奇，殷勤末後句，奚啻黍離詩。

十一月十八日，寫了〈病中口號偈〉：

夏病不知暑，冬病不知寒；夜長似小劫，痛烈如刀山。

人間尚復爾，何況三塗間？皈命大慈父，早出娑婆關。

十二月初三，寫了一首〈病間偶成〉：

業緣叢簇病緣頻，痛苦呻吟徹暮晨，早發菩提猶若此，未全正信擬誰親。

身經九死渾亡力，心本無生獨自甄，名字位中真佛眼，未知畢竟付何人？

十二月初三當天，大師口授遺囑，立了四個誓願，並請照南法師、等慈法師這兩位弟子將來負責傳授五戒和菩薩戒，請照南法師、靈晟法師、性旦法師等三位弟子將來負責代座代請之事。

大師囑咐身後事，火化之後，將骨灰磨成粉並和麵粉，分成兩分，一分布施給空中或地面的鳥獸，一分布施給水中的魚類，與眾生普結法緣，同生西方極樂世界。

十二月十三日大師啟建淨社，撰寫〈大病中啟建淨社願文〉。之後，大師又撰寫六首〈大病初起求生淨土〉的偈頌如下：

(一)閻浮百苦鎮煎熬，賴有摩提路匪遙；六字洪名真法界，一聲凡念海全潮。濁流寸寸清珠映，暗室塵塵寶炬招；千古東林風未墜，不須方便自橫超。

(二)沉苛危篤是吾師，消卻從前多少癡；已破百年閒活計，定開塵劫大通逵。遙瞻落日增哀慕，夢禮慈容長智悲；六八願王恒攝取，金蓮育質可無疑。

(三)持名真實是單傳，念念圓成深妙禪；能所本來無二體，果因交徹即重玄。廣長舌相堅真信，周遍身光結法緣；大事分明唯此事，同仁共策祖生鞭。

(四)病經累月皮纏骨，彷彿冥塗薜荔多；脾弱羨人甘六味，根羸壓我順三和。軒岐伎倆非雙善，忉利酥酡柰異柯；最是樂邦慈父願，含生永永離沉苛。

(五)久向阿彌誓力深，浮生無奈染相侵；聞聲見色多妄念，計後思前轉昧心。

痛極色聲緣自斷，病危前後影方沉；孤明六字全提出，百獸群中師子音。

(六)乾慧初乾業未枯，病深無計可支吾；稱名不異兒號乳，懺罪何殊囚伏辜。乍慶此時方得主，更慚歷劫枉成逋；丁寧法侶勤相助，共解輪王髻裡珠。

除夕時，大師撰寫〈艮六居銘〉，即：

東西南北枉趑趄，乍息狂心復舊居；正喜竹泉不用買，那堪疾疢久難祛？力從枕席消磨盡，心向蓮臺畢竟舒；為取寶池春富樂，從茲貧與病俱除。

這年，大師常在病中。大師在〈寄錢牧齋書〉中提到：

今夏兩番大病垂死，季秋閱藏方竟。仲冬一病更甚，七晝夜不能坐臥、不能飲食、不可療治、無術分解，唯痛哭稱佛菩薩名字，求生淨土而已。具縛凡夫損己利人，人未必利，己之受害如此。平日實唯在心性上用力，尚不得力，況僅從文字上用力者哉？出生死，成菩提，殊非易事，非丈室誰知此實語也。

依大師所述，其今年夏天兩次大病，瀕臨死亡，到秋天閱讀藏經才稍好轉；到冬天又病得更嚴重，七天七夜不能坐臥、不能飲食、不可療治、沒有醫術可以緩解，只有痛哭稱佛菩薩名字，求生淨土而已。凡夫一身煩惱習氣，想要損己利人，他人未必得利，自己反而受害。平日只在心性上用功，尚且不得力，何況僅從文字上用力的人呢？出生死、成菩提並非易事。大師自嘆，如果看到他在小房間的慘狀，就知道他沒有說謊；只有仰仗諸佛菩薩的慈力，才能求生淨土。

大師深感輪迴之苦及業力的可怕，雖心懷大願、不遺塵界，卻膽戰心驚、怕墮地獄。因此，大師全心全意求生淨土。如其自述：「念念思歸極樂鄉，心心只畏娑婆苦。」而且，他深悟極樂世界「超位登極」的殊勝，所謂「凡夫例登補處，同盡無明，同登妙覺，超盡四十一因位」的殊妙功德。因此，即使只是下品往生，大師也算所求願滿。如其自述：「只圖下品蓮生，便是終身定局。豈敢大言欺世，致使法門受辱！」可以看出大師一心求生淨土的堅定決心。

五十七歲，大師在元旦作了兩首偈頌：

(一)爆竹聲傳幽谷春，蒼松翠竹總維新；泉從龍樹味如蜜，石鎮雄峰苔似鱗。

課續三時接蓮漏，論開百部擬天親；況兼已結東林社，同志無非法藏臣。
(二)法藏當年願力宏，於今曠劫有同行；歲朝選佛歸圓覺，月夜傳燈顯性明。
萬竹並沾新令早，千梅已露舊芳英；諸仁應信吾無隱，快與高賢繼宿盟。

由這兩首偈頌，可以看出大師承繼法藏比丘的志願以及往生極樂世界的決心。正月二十日，病又復發；二十二日早上，病似已康復。到了中午的時候，大師趺坐在繩床上，手舉起來向西邊，安詳圓寂。世壽五十七歲，法臘三十四歲。

圓寂之後

大師圓寂後，弟子們請成時法師負責編輯《靈峰宗論》。編輯完成時，成時法師燃香一千炷，並發了五個願：一、報師恩，助轉願輪。二、供養妙法，並生生值遇佛法。三、轉劫濁，救苦眾生。四、代粉骴（骴是肉未爛盡的尸骸。意謂將大師的骨灰磨成粉並和麵粉，並與眾生結法緣），以滿大師的弘誓。五、懺悔重罪，決生珍池（極樂世界）。

同年十二月十二日，成時法師撰寫《蕅益大師續傳》。之後，成時法師又撰寫〈靈峰始日大師私謚竊議〉和〈靈峰宗論序說〉。終於，在清順治十六年（西元一六五九年）冬天，刊刻成《靈峰宗論》。

大師圓寂兩年後的冬天，當弟子們打開靈龕，準備如法荼毘時，見到大師的遺容栩栩如生，而頭髮仍然持續生長，頭髮長到覆蓋耳朵，結跏趺坐，牙齒都沒有壞。因此，不敢依照大師的遺囑，將其遺骨磨成粉並和麵粉，與眾生結緣，而是在靈峰寺大殿的右側建塔，安放大師的遺骨。

到了康熙元年，也就是大師入滅後八年的七月，大師的門人性旦法師病逝。由於性旦法師生前曾寫下遺囑，並且曾當面請成時法師以及他的哥哥胡淨廣，將自己的遺骨磨成粉狀，並布施與眾生結法緣，以代替完成大師生前的指示。於是，成時法師邀集清淨僧眾禮佛、說佛名經；之後，將性旦法師置於壇上，點燃頂燈，以報大師的法乳深恩。因為有這段囑咐，謹就八月集結大眾共修「藥王本事」七晝夜而作法事，並圓滿回向。

雍正元年，（即日本享保八年）春天，在日本京都發行《靈峰宗論》重刊版。光謙老法師撰寫之序文中提到，過去曾讀靈峰蕅益大師所寫的一些書，看到他的學問兼通且涉獵廣博，他的行止苦急嚴峻，因而私下讚歎，就算是荊谿尊者（荊溪湛然，唐朝天台宗高僧）、四明尊者（四明知禮，北宋天台宗高僧）恐怕也有所不及。

古人曾說過：讀三國諸葛亮的〈出師表〉而不落淚者，其人必不忠；讀晉朝李密的〈陳情表〉而不落淚者，其人必不孝；讀唐代韓愈的〈祭十二郎文〉而不墮淚者，其人必不友；光謙老法師則認為，讀《靈峰宗論》而不流下血淚者，其人必無菩提心。

大師圓寂後，其著作的影響力絲毫不亞於他在世之時；清末民初時期，如印光大師、弘一大師及太虛大師等高僧對他的推崇，更勝於大師所處的時代。

這恰好印證了大師在《西有寱餘》序文中所說，過了百年以後，一定有徹悟之人可以成為他的知音。

【註釋】

註一：「悉檀」為梵文 siddhanta 的音譯，意思是總括一切法義而能令人成就的宗旨。佛以此四法普施眾生，故云悉檀。《大智度論》曰：「有四種悉檀：一者世界悉檀，二者各各為人悉檀，三者對治悉檀，四者第一義悉檀。四悉檀中總攝一切十二部經八萬四千法藏，皆是實相無相違背。」

一、「世界悉檀」：又稱「樂欲悉檀」，乃是為了適應俗情，以方便誘導人們親近佛法為目標的教法。

二、「各各為人悉檀」：又稱「生善悉檀」，乃是針對眾生根器不同，隨機說法，以啟發眾生善根，以建立修學佛法信心為目標的教法。

三、「對治悉檀」：又稱「斷惡悉檀」，乃是為了糾正眾生的某些弊端或消除某種煩惱，以導正為目標的教法。

四、「第一義悉檀」：又稱「入理悉檀」，直接趣入諸法實相、究竟解脫，顯示佛法真義的教法；此即是緣起中道法，也就是無自性空。

註二：《楞伽經》，梵文為Lankāvatāra-sūtra，全稱《楞伽阿跋多羅寶經》，亦稱《入楞伽經》、《大乘入楞伽經》。其譯名分別出自南朝劉宋的三藏法師求那跋陀羅、北魏的三藏法師菩提流支、唐朝于闐的三藏法師實叉難陀，各譯為四卷本、十卷本、七卷本。由於求那跋陀羅的譯本最早，更接近本經的原始義，因此流傳廣、影響大。

本經是達摩祖師在傳法給二祖慧可大師後，親傳予二祖大師的；初祖說：「吾有《楞伽經》四卷，亦用付汝，即是如來心地要門，令諸眾生開示悟入。」

佛在《楞伽經》所要闡明的是性、相二門，並平均發展，這是本經的特色之一。因此，本經不但是性宗的經典，也被相宗行人奉為圭臬，是修習唯識法相學者必讀的經典之一。

佛在一般開示性相的經中，為適應眾生根機，不是偏向性宗的闡發，就是偏於相上的探究，少有兩者並重；因為，光是性或相任何一門，都很深奧，除非是上上根器的眾生，才能兼顧。由於以上原因，才有性相二宗的分野，乃至於有後世性相二宗之行人於學理上互相批評。

然而，從這部經來看，這些衝突、批評是不必要的；因為，佛說法度眾生只在契機、契理、應病與藥，各人的病不同，各吃各的藥，彼此並無妨礙，只要病好就行。而這「病好」即是契理，「各人病不同」即是契機；契機、契理並行不悖。所以，佛陀應機而有種種善說，對大根器的人說大法，對小根器的人則為說小法。

本經是為上上根熟眾生所說的如來自證境界；佛之自證境界是無妄想，萬法一如，於法性、法相毫不偏頗。因此，就內容而言，性與相在本經所占的分量是相當；至於其方法，則是藉相了性，及由相入性，其終極目的則在於達到性相一如的境界。

（以上說明參考自成觀法師撰注的《楞伽經義貫》）

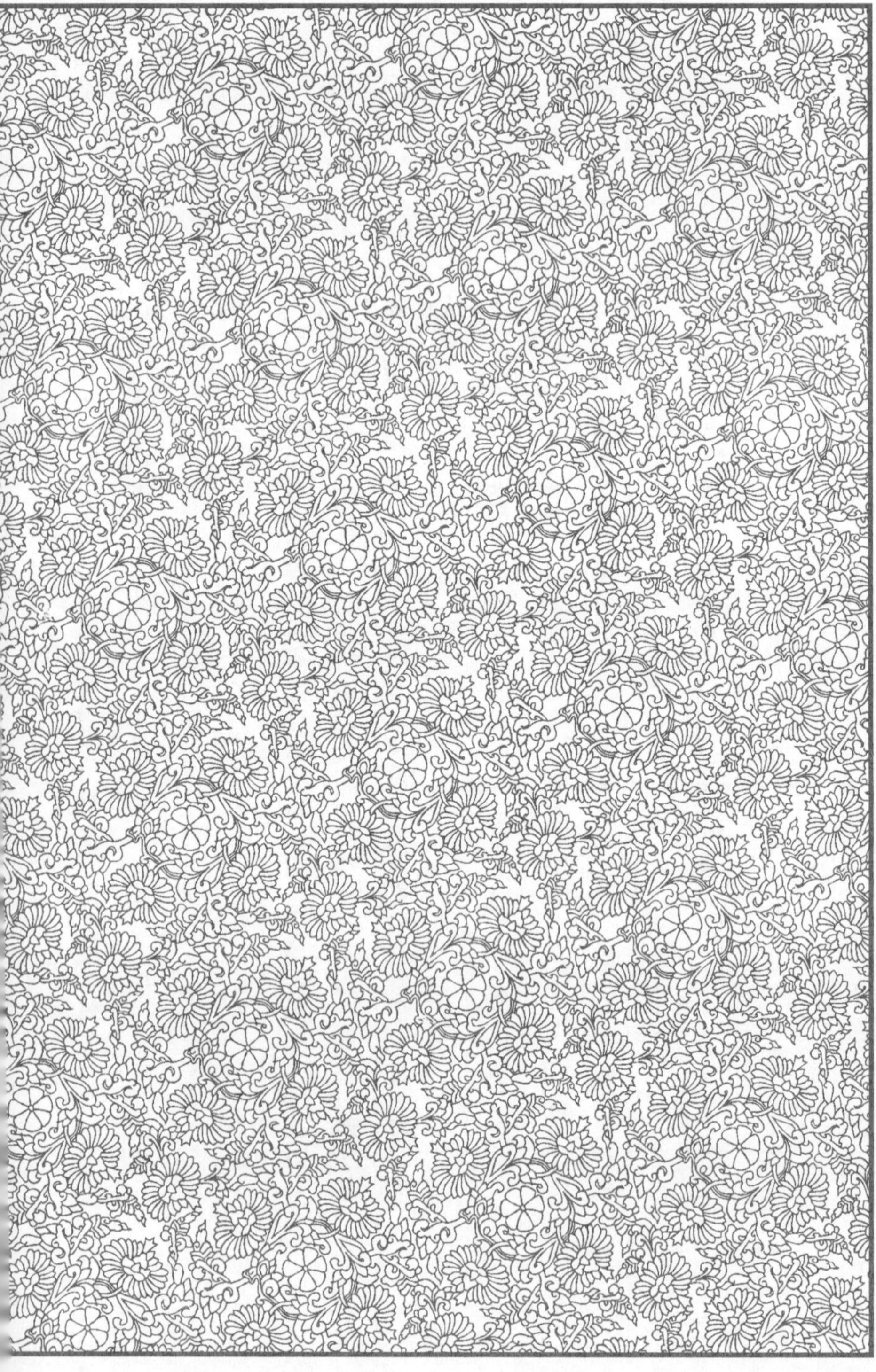

影響

壹・廣著群書

若論逗機最妙之書，當以《淨土十要》為冠。而《佛說阿彌陀經要解》一書，理事各臻其極，為自佛說此經來第一注解。

大師一生的行誼，在本書的〈示現篇〉作了概括性的介紹。大師對佛法法義的精通，並躬身力行，是位教證具足的行者；輔以不忍聖教衰微，以及對眾生的大悲，針對當時佛門的弊病，提出嚴厲的指正，並且積極加以補救。

大師一生的修持及對佛法和眾生的貢獻，堪為後世佛弟子的典範；更可貴的是，大師將畢生研閱經論，對法義的通達圓融，不辭辛勞地付諸文字，廣大利益後世的佛弟子。大師的著作博大精深，堪為後世佛弟子探究其奧義。

著述等身

大師生平不曾請僧俗二眾（達官貴人或高僧大德）為自己寫過文章（包括序文或生平事略）；因為，不只是佛法難以言說，要能遇上足夠了解自己的知己亦不容易；另一方面，也避免自己養成崇尚虛名的壞習慣；因此，以身作則，藉此砥礪自己不落俗套。在大師往生前，也囑咐徒眾也不要向他人請教任何對自己的評論，這只會無端地憑添誤解。

在個人的著作方面，大師一生勤於著述，對佛教義理的鑽研，頗具深奧透徹；著作量之龐大，令人歎為觀止。

大師對於著述的態度十分嚴謹，認為必須飽讀經論，摘錄其精要，並須進一步內心有所證悟，從而自己胸中自然流露，才能超前絕後、廣利群生；反之，若未具足上述條件，則宜致力修持，不必急於著述。

大師的著作，由其弟子成時法師編為「釋論」和「宗論」兩大類，更詳細則大約可分為經典、律典、論典三種典籍的注釋，外加文集、懺儀、雜著、法藏指要及摘要等八類，簡列如下——

一、有關經典的註釋：

包括《佛說阿彌陀經要解》一卷、《淨土十要》十卷、《占察經玄義》一卷、《占察經義疏》二卷、《楞伽經玄義》一卷、《楞伽經義疏》十卷、《楞嚴經玄義》二卷、《楞嚴經文句》十卷、《般若心經釋要》一卷、《金剛經破空論》二卷、《金剛經觀心釋》一卷、《佛遺教經解》一卷、《四十二章經解》一卷、《八大人覺經略解》一卷、《盂蘭盆經新疏》一卷、《妙玄節要》一卷、《法華經綸貫》一卷、《法華會義》十六卷。

二、有關律典的註釋：

包括《梵網經玄義》一卷、《梵網經合注》七卷、《菩薩戒本經箋要》一卷、《菩薩戒羯磨文釋》一卷、《重定授菩薩戒法》一卷、《學菩薩戒法》一卷、《毗尼後集問辯》一卷、《重治毗尼事義集要》十七卷、《四分律大小持戒犍度略釋》一卷、《沙彌十戒威儀錄要》一卷、《優婆塞戒經・受戒品箋要》（在家律要廣集）一卷、《五戒相經箋要》一卷、《五戒相經補釋》一卷、《佛說齋經科注》一卷、《佛說戒消災經略釋》一卷、《佛說戒消災經音義》一卷。

三、有關論典的註釋：

包括《成唯識論觀心法要》十卷、《相宗八要直解》九卷、《大乘起信論裂網疏》六卷、《大乘止觀法門釋要》六卷、《教觀綱宗》一卷、《教觀綱宗釋義》一卷。

四、有關文集的部分：

包括《靈峰宗論》三十八卷、《天學初徵》一卷、《天學再徵》一卷、《見聞錄》一卷、《選佛譜》六卷。

其中，《靈峰宗論》是弟子成時法師集錄大師的法語、答問、序說、詩偈等編纂成書。

大師作《闢邪集》，也就是《天學初徵》及《天學再徵》，主要是針對天主教的排佛運動，加以反駁。明朝末年自從利瑪竇來中國後，其教徒與來中國的傳教士日益增加；隨著天主教徒勢力的擴大，就公然撰書反佛；如利瑪竇的《天主實義》，便對佛教大肆批評。因此，蕅益大師作了《天學初徵》及《天學再徵》，都是以儒家的觀點駁斥天主教傳教士的見解。此外，蓮池大師亦曾作〈天說四篇〉，反駁天主教的排佛運動。

五、有關懺儀的部分：

包括《梵網經懺悔行法》一卷、《占察善惡業報經行法》一卷、《贊禮地藏菩薩懺願儀》一卷。大師根據自己的修持經驗制定了這三部的懺儀；這些懺儀除了受到天台智者大師懺法的影響外，大師的懺儀帶有強烈的懺罪目的，而且是修行證果的前方便。

六、有關雜著的部分：

包括《四書蕅益解》三卷、《周易禪解》十卷。

大師作《四書蕅益解》之原意，是為了幫助徹因法師修習禪觀，藉由儒家的典籍，闡釋佛教的第一義諦。

大師作《周易禪解》的目的，則是為了接引一些儒家的學者入佛門。在《周易禪解》自序文中，大師提及撰寫此書的用意是「以禪入儒，誘儒知禪」，此書可說是儒佛交融的創作。

七、有關法藏指要的部分：

包括《閱藏知津》四十四卷、《法海觀瀾》五卷，作為後世眾生涉獵佛典的指南。

《閱藏知津》是關於研讀《大藏經》的次第，由淺至深的順序，分成經藏、律藏、論藏、雜藏等四個部分，這是一部佛經目錄學的著作。

《法海觀瀾》則是大師將閱讀《大藏經》的方向寫成指南。這兩本著作，迄今仍是學子研讀《大藏經》的重要指南。

八、有關摘要的部分：

有《蕅益大師年譜》一卷、《蕅益大師文選》。

重要著作簡述

以上這些著作中，有許多對後世影響深遠，其中比較具有代表性為以下幾部：

一、《梵網合註》

大師三十九歲時，在九子別峰完成的《梵網合註》，清楚地闡述《梵網經菩薩心地品》之註釋。

大師認為，《梵網經》能夠指點真性淵源，確示妙修終始，戒與乘並急，頓與漸同收，兼備《華嚴經》和《法華經》的奧義，總攬五時八教的大綱。簡單地說，《梵網經》的戒體是依照清淨心開展出來的「稱性起修」。雖然文僅存一品，但其義理貫通全經。

二、《楞嚴經玄文》

大師四十一歲時，在小開元寺撰著的《楞嚴經玄文》（包括「玄義」及「文句」），清楚地闡述《楞嚴經》的妙義。大師一生受持《楞嚴經》，對其經義，頗有領悟，《楞嚴經玄文》可謂是大師開悟的創作。

大師主張，《楞嚴經》是宗教司南、性相總要，一代法門之精髓，成佛作祖之正印也。大師認為，性相二宗猶如波浪與水，從來不可分隔，性相二宗宜融會貫通。大師多次畢生弘揚此經，並以此經的知見為修行準則。

三、《佛說阿彌陀經要解》

大師四十九歲時，著述《佛說阿彌陀經要解》，清楚地闡述《佛說阿彌陀經》的註釋，也是大師對淨土教理的代表性著作。大師認為，《佛說阿彌陀經》是《華嚴經》的奧藏、《法華經》的祕髓，是一切諸佛的心要，以及菩薩萬行的司南。

大師認為，當臨命終人稱念佛號時，當下成就三種功德力，也就是仰賴阿彌陀佛的本願功德力（佛力不可思議）、持誦「阿彌陀佛」聖號的名號功德力（法力不可思議）、以及眾生心的自性功德力（心力不可思議）；如此一來，眾生的心就能與跟阿彌陀佛感應道交。

到了近代，由於淨土宗的弘揚，大師著作的影響更加普及。例如，清末民初的印光大師、圓瑛法師、弘一大師、寶靜法師、道源法師，以及民國以後的淨空法師、大安法師、淨界法師等，都極力弘揚大師的《佛說阿彌陀經要解》，甚至多位高僧為《佛說阿彌陀經要解》做註釋。

淨土宗十三祖印光大師（西元一八六二至一九四〇年）非常景仰大師的著

作，認為大師的著作：「言言見諦，語語超宗，如走盤珠，利益無盡。」並讚歎大師：

宗乘教義兩融通，所悟與佛無異同；惑業未斷猶坯器，經雨則化棄前功。
由此力修念佛行，決欲現生出樊籠；苦口切勸學道者，生西方可繼大雄。
若論逗機最妙之書，當以《淨土十要》為冠。而《佛說阿彌陀經要解》一書，
理事各臻其極，為自佛說此經來第一注解。妙極確極，縱令古佛再出於世，
現廣長舌相，重注此經，當亦不能超出其上。

印祖認為，如果以觀機逗教最殊妙的書，首推《淨土十要》為第一；《淨土十要》乃蕅益大師以金剛眼，於闡揚淨土諸書中，選其契理契機、至極無加者。至於《佛說阿彌陀經要解》一書，則是大師最精妙的注釋；自佛說此經以來的注釋，當推第一；就算古佛再出現於世間，現廣長舌相，重注此經，也不能超出其上。《佛說阿彌陀經要解》，實為千古絕無而僅有之良導。

簡言之，印光大師認為，蕅益大師的著作可以說是上契佛理，下化眾生；

即使古佛再出世，所說的法也不能超出其上。由此可知印祖對大師的推崇與讚譽。

圓瑛法師（西元一八七八至一九五三年），是中國臨濟宗第四十代傳人、中國佛教協會首居會長。圓瑛法師著有《阿彌陀經要解講義》，闡述大師的《佛說阿彌陀經要解》。淨土宗大德李炳南居士曾提到：

蕅益大師《要解》出，文潤而質，言簡而精；性與相，雙彰其諦；禪與淨，融而無諍。求解者，豁顯其義；求行者，詳示其端。十三祖歎為觀止，良有以也！古閩高僧圓瑛法師，復慮格於教相者，或猶難入，又隨文逐句，增以講義，使解若疏，講若鈔也；如是，則《彌陀》一經，三根庶普被矣！……嗟夫！無圓公講義，《要解》不彰；無《要解》，《阿彌陀經》之祕不顯；無《阿彌陀經》，淨土之普不被；無淨土，無量佛法不能濟其窮矣。

簡言之，李炳南居士認為，圓瑛法師的《阿彌陀經要解講義》用以彰顯大師《佛說阿彌陀經要解》的奧義；大師的《佛說阿彌陀經要解》，則用以彰顯

《佛說阿彌陀經》的祕義。

弘一大師（西元一八八〇至一九四二年）遠稟蕅益大師，近承印光大師，以為師範。弘一大師推崇蕅益大師，主要有兩個原因：一、蕅益大師正邪分明，以維護正法，破辟外道邪見為己任。二、蕅益大師雖宗天台教觀，但對其他各宗都有闡述，尤其致力於淨土宗和律宗。

弘一大師在〈與姚石子居士〉一文中提到：

《靈峰宗論》為明靈峰蕅益大師的文集，近古高僧中知見最正者，先閱此種，自不致為他派之邪說所淆惑。集中文字，深淺互見，凡淨宗、禪宗、天台、賢首、慈恩及密宗等，皆具說之，非專談一法也。可先閱「法語」及「書信」二類，但初學者不能盡解，當於閱時自擇其所解者先閱，其難解者不妨暫緩。

除了《靈峰宗論》外，弘一大師也推薦大師所著的《淨土十要》及《閱藏知津》兩本書。

弘一大師出家的信仰，其燃香發願、寫經、闡揚地藏信仰、閉關潛修、閱藏、弘揚戒法、融萬法歸淨土、結修淨業等多方面的修持都效法蕅益大師的行誼。

寶靜法師（西元一八九九至一九四〇年），是中興天台宗之祖師、天台宗第四十三代法嗣、諦閑老和尚的傳人。寶靜法師著有《阿彌陀經要解親聞記》，闡述大師的《佛說阿彌陀經要解》。寶靜法師認為：

佛陀所說一切法門中，能於末世眾生最契機者，則莫如念佛一法，以其即方便成圓頓。而淨土諸經，則莫妙於此本《彌陀經》。以其言簡而義賅，辭淺而理豐。故世之流通者眾，昔之註述者亦多；而於其中求其精而且要之註釋者，則莫如《要解》。斯解乃靈峰老人之心血供獻。所謂言言見諦，句句歸宗；吐肝吐膽，字字見血。《彌陀》一經，得斯解以釋之，如揭慧日於中天，無不洞徹。

由此可看出寶靜法師對大師《佛說阿彌陀經要解》的推崇，並加以弘揚及註釋成《阿彌陀經要解親聞記》。

道源法師（西元一九〇〇至一九八八年年），是當代的高僧之一。民國三十八年隨著白聖法師航海抵達臺灣，繼續弘法利生。道源法師著有《佛說阿彌陀經要解講記》，闡述大師的《佛說阿彌陀經要解》。道源法師認為，藉由圓瑛法師的《阿彌陀經要解講義》及寶靜法師的《阿彌陀經要解親聞記》，可以幫助後代學佛者讀懂大師的《佛說阿彌陀經要解》。

迄今，中國和日本等地仍有高僧大德繼續研究並弘揚大師的著作，諸如《佛說阿彌陀經要解》、《淨土十要》、《梵網合註》、《楞嚴經玄文》、《閱藏知津》、《占察經玄義》和《靈峰宗論》等論著；大師實可視為近代中國佛學的集大成者。

近年來，大師的根本道場——北天目靈峰寺，自修復開放後，就非常重視大師文化的挖掘與弘揚。靈峰寺在當地政府的支持下，舉辦多次的「蕅益文化研討會」，以期將大師注重佛教教理的研究與實修的風範延續下來。

貳·思想與修持

不參禪，不學教，彌陀一句真心要。不談玄，不說妙，數珠一串真風調。由他譏，任他笑，念不沉兮亦不掉。晝夜稱名誓弗忘，專待慈尊光裡召。懸知蓮萼已標名，請君同上慈悲舴。

在前引這首〈自像贊〉中，大師稱自己：「不參禪，不學教理，一句阿彌陀佛，才是真正的佛法心要；不談玄，不說妙，一串念珠，才是真正的風格。任由他人譏笑，我的念頭不昏沉也不散亂。早晚稱名念佛，發誓絕不忘記，只等待慈悲的佛光來接引。我想，西方極樂世界的蓮花花苞中已標列我的名字，也請大家同上阿彌陀佛的慈悲船。」

這是蕅益大師對自己所作的贊偈，乃是大師晚年真實心境的寫照，可以看出大師念佛求生極樂的決心以及勸勉眾生同生淨土的悲心。

如果仔細玩味大師的這首贊偈，可以知道大師晚年思想與行為的精華所在，首先是「不參禪，不學教」。

前文曾述，大師在青年時期，不但曾經醉心於參禪，在徑山還曾有過大悟的經驗。至於「不學教」更是說不過去；大師於淨土宗、禪宗、天台、賢首、慈恩及密宗等各宗教理的研究，在近代可說是無出其右者；甚至可以說，對於教理的「撥亂反正」是大師一生中最費心力的使命之一。大師怎麼會說，到了晚年，既不參禪也不學教呢？

綜觀大師大半輩子投入很多的心力在參禪學教；然而，到了晚年卻「通身放下」，專心一志地具足信願、持名念佛。此外，大師一生中的著作涵蓋領域極廣，與淨土相關的著作所佔的比例其實並不算高，完成時間也多半在接近晚年，亦即思想比較成熟的時期。經過數十年深入經藏後，大師最終的結論是：各宗各派最終無不回歸淨土。

如大師在《法海觀瀾》的序文中提到：

非戒、非教、非禪、非密，則非淨土真實因也；非有四種淨土，則戒、教、禪、密，無實果也。

其明白地指出，如果沒有戒律、教理、禪修以及密宗，就沒有淨土的真正因；倘若沒有四種淨土，那麼戒、教、禪、密，就沒有真正的成果。所以，大師晚年自身的修持上，也一門深入的獨鍾「信願持名」，作為自己唯一的修持，可說是知行如一。

正如這首贊偈後面提到，任憑他人的譏諷，大師也只專注於一件事情——「晝夜稱名誓弗忘」，也就是專心地念佛。「專待慈尊光裡召」這一句，講的是大師往生極樂的「願」；「懸知蓮萼已標名」講的是大師的「信」；「請君同上慈悲舸」則是大師的無緣大慈、同體大悲之心。顯然大師不只專心念佛，對往生西方極樂世界的「信」與「願」仍如影隨形，與「行」同在。因此，大師窮其一生廣學多聞後的最終心得，與各種法門在大師心中地位之輕重，在這篇〈自像贊〉中顯而易見。

而從大師廣博的著述中，我們瞭解到，大師主要的思想與修持，對其自身、眾生及教法，皆有深遠的貢獻及影響。茲列出一些重要的思想與修持如下。

戒律思想與修持

佛陀將入涅槃時，阿難問佛：「佛在世時，我們以佛為師，佛滅度後，大眾以何為師呢？」佛言：「以戒為師。」佛陀以大悲心，殷重囑咐弟子修行之要，首先強調「持戒」的重要性。

佛陀曾說：「於我滅後，當尊重珍敬波羅提木叉，如闇遇明，貧人得寶。當知此則是汝大師，若我住世，無異此也。」又說：「戒是正順解脫之本，故名波羅提木叉。因依此戒，得生諸禪定，及滅苦智慧。」

「波羅提木叉」即「戒」，為梵文 Pratimokṣa 之音譯，包含「隨順解脫」、

「處處解脫」、「別解脫」、「最勝」、「無等學」等意；由其「解脫」及「最勝」之意涵，可見「戒」之殊勝及重要性。

由佛陀之遺教可知，如果能持守淨戒，則與佛住世無異，令佛法久住於世；而且能因持守淨戒，由戒生定，因定發慧，可以解脫生死大海，出離輪迴。

佛陀制定的戒律，可分為三大類：別解脫戒、菩薩戒和密乘戒。別解脫戒依受持者的身分不同，可分為七種，又稱七眾別解脫戒，即優婆塞、優婆夷、沙彌、沙彌尼、式叉摩尼、比丘、比丘尼。

菩薩戒可分為出家菩薩戒和在家菩薩戒兩種。菩薩戒的內容主要為三聚淨戒，也就是「攝律儀戒」、「攝善法戒」、「饒益有情戒」等三類，亦即聚集了持守律儀、修諸善法、度化眾生等三大門的一切佛法，屬於菩薩重要的戒律，應該謹慎持守，並且發「自度度人、自利利人」的菩提心，如此才不失受大乘菩薩戒的真義。

菩薩戒涵蓋七眾別解脫戒，超勝一切別解脫戒的功德，而且是過去七佛戒法，這是菩薩戒的殊勝處。如《梵網經》提到：過去莊嚴劫千佛、現在賢劫千佛，都是由於受持菩薩戒而成佛；未來星宿劫中的千佛，仍須受持菩薩戒才能成佛。所以，菩薩戒是諸佛本源，是菩薩的根本，也是一切佛弟子成就佛道的根本。

《梵網經》記載，受持菩薩戒有五種利益：

一、感得十方諸佛愍念、守護。

二、臨命終時正見，心生歡喜。

三、所生之處，與諸菩薩為友。

四、功德多聚，戒度成就。

五、今世後世，性戒福慧圓滿。

此外，若是佛滅度後，千里內沒有法師，即可在佛像前自誓受菩薩戒，不同於比丘戒，至少須五位如法的比丘才可以傳戒，亦不可在佛像前自誓受比丘戒。

密乘戒是密乘行者受無上瑜伽密續須受持的戒律，在此不予敘述。

大師在《靈峰宗論》中提到：

人知宗者佛心、教者佛語，不知戒者佛身也。盧舍那佛，以戒為體，惡無不止故淨，善無不行故滿；儻身既不存，心將安寄？語將安宣？縱透千七百公案，通十二部了義，止成依草附木無主孤魂而已。

意即，人人都知道宗門（禪宗）是佛的自性本心、三藏教理就是佛的話語，卻不知道戒律是佛的身體。盧舍那佛（據稱為佛陀之圓滿報身佛），以戒為體，沒有任何一種惡不滅盡因而清淨，沒有任何一種善不奉行因而圓滿。假設身體不存在，那麼，心將如何寄附呢？話語又怎能宣說呢？縱然參透千七百則公案，通曉十二部經典的真義，也只是成了依附草木的無主孤魂罷了。

大師引用《大般若經》云：「三十二相無別因，皆由持戒所得。若不持戒，尚不能得野干之身，況復佛身？」意謂：佛的三十二相沒有別的成因，都是因為持戒而得；若是不持戒，連像狐狸之類的野干之身尚且不可得，更何況是佛身？

大師又引用《大佛頂首楞嚴經》云：

因戒生定，因定發慧，則名三無漏學。縱有多智禪定現前，若不斷婬，必落魔道；若不斷殺，必落（鬼）神道；若不斷偷，必落邪道；若不斷大妄語，如刻糞為栴檀，欲求香氣，無有是處。戒之關係大矣！

大師引經文說明，因戒生定，因定發慧，就叫做「三無漏學」；縱然有多智、禪定現前，若不斷絕婬欲，必然落入魔道；若不斷除殺心，必落鬼神道（分為三品，上品的是大力鬼王；中品的是飛行夜叉；下品的是地行羅剎——不能飛行，只能在地上行動）；若不斷偷盜，必然落入邪道；若不斷除大妄語，就像在栴檀木上刻糞，想要求得香氣，是完全不可能的。因此，戒律對整個修行的影響很大啊！

大師認為，佛教的衰敗，在於戒律不彰；若要振興佛教，首當重視戒律。大師在閱讀律藏後，曾寫信給剃度師雪嶺法師，在〈寄剃度雪嶺師〉信中曾提到：

毗尼法，三學初基，出世根本，僧寶所由得名，正法賴以住世；而罕有師承，多諸偽謬，遂令正法墜地，僧倫斷絕。

因此，大師畢生力倡嚴持戒律，躬身奉行。首先學習律學，明了開遮持犯；進而嚴持戒律，不敢違犯；設有違犯，立即懺悔。倘能如此奉行戒法，令毗尼住世，則正法永不滅。

根據大師的研究發現，中國從南宋以後就沒有清淨的比丘戒傳承，也就是比丘戒曾經中斷。因此，沒有人可以如法傳戒，也就沒有人可以得到清淨的戒體，成為真正的比丘。

根據比丘戒傳法，一般須有十位如法的比丘，邊地至少也要有五位如法的比丘，才有資格依儀軌傳戒，求受者才能得到戒體。

歷經三次閱讀律藏，大師才知道受戒如法不如法的事宜；但是，參訪各個傳戒的律堂，卻找不到一個如法傳戒的戒場。佛門當時的戒律鬆弛，甚至於「但見聞諸律堂，亦並無一處如法者。」

於是，大師勤研律藏，了解律法的重要性，所謂「毗尼住世，佛法住世。」因此，大師一心希望能弘揚清淨的戒律。所以，一直致力促成如法的五比丘共住，才可以如法傳戒，以期復興戒律。

然而，這不是一件容易的事，最終仍舊因緣不具足，「五比丘如法共住」的想法未能如願。因此，大師深深感嘆：「予運無數苦思，發無數弘願，用無數心力，不能使五比丘如法同住，此天定也！」但是，大師畢生仍不遺餘力地躬身嚴持戒律、講述戒律以及註釋戒經等。

大師認為，末法的出家眾，若不依奉《占察善惡業報經》的懺法，是無法得到清淨的比丘戒。而大師自身，精勤地依《占察善惡業報經》的懺法修行，終於在四十七歲的元旦，於比丘戒的求得方法，依《占察善惡業報經行法》，獲得清淨的輪相，得到比丘戒的戒體。

此外，弘一大師承繼大師的觀點，在其〈徵辨學律義八則〉一文中，提到《占察善惡業報經行法》為根本之法，是末法時代的出家眾得戒的理論根據。弘一大師也認為，唯有此法，才能夠讓末法時代的出家眾，藉由懺悔、消除惡業，得受比丘戒。

大師對戒律的開遮持犯有精闢的理解，並親身力行嚴持淨戒。大師常謂自己躬行多玷，不敢為人作師範。大師在〈復胡善住〉的文中提到，世人認為他持律第一，大師對這樣的讚譽頗感慚愧畏懼。

大師認為，佛制比丘須恪守二百五十戒外，再加行、住、坐、臥等四大威儀，各俱二百五十，總共一千；再加身、口、意三聚淨戒，就成三千威儀。以三千配合身口七支，就是二萬一千，再合貪、瞋、癡、慢，乘以四，就成八萬四千細行。對於這些戒律、威儀及細行，自己未能做到萬分之一。

大師仔細反省自身：就遮戒而言，除了不飲酒與過午不食兩戒外，剩下的都不算清淨。就性罪七支（十善業中的身三、口四）而言，雖能免故意殺生，但不能完全防止誤殺；雖能不私取三寶物，但不能如古人一般，將所有的開支完全依照信眾布施的本意去使用（例如，磚錢決不買瓦）；雖能執身不犯淫，但不能夢寐清淨、根絕夢遺；雖能不妄語和挑撥離間，但不能完全不說粗惡語和綺語（無意義的話）。

總之，大師常反省自己的三門是否符合戒律；若有違犯，立即懺悔，使性遮二罪悉能清淨。

大師認為自己「復性僻拗，不近人情，所有言句，多觸時諱。」自己的學律、教理等也都是違背時宜；因自己的言行、個性等都不合時宜，所以只適合僻處深山苦修，代一切眾生求消宿業，去除障礙。

大師對律藏的研究，著述成《重治毗尼事義集要》，迄今仍是習律人士的主要參考典籍，弘一大師更稱讚此書是「明清諸師律學著述，此書最精湛。」激發當時及後世的四眾弟子對戒律的重視，其影響力持續到現在。

例如，大師的弟子成時法師、性旦法師，都自稱是出家優婆塞。民國初年的弘一大師是中國近代佛教公認律宗祖師，他也自稱是出家優婆塞（多分優婆塞）。弘一大師和夢參老和尚也受到大師的影響，親做占察輪，勤修占察行法，以期獲得清淨的輪相。有些法師則為獲得清淨的比丘戒，遠赴南傳或藏傳等國家，求受比丘戒。

此外，近代佛門重視傳戒的儀式及說戒、安居、自恣等作持，也是受到大師倡導戒律的影響。

總之，大師想要力挽當時佛門的流弊，匡救三學或廢或偏的弊端，極力倡導禪、教、律——「三學一源」之說。大師認為，禪是佛心，教是佛語，律是佛行（或佛身）；這三者，雖三而實一，不可或偏。若不了解這當中的要義，各分門戶，內訌為事，則不能自利利他。這正與戒定慧三學的修學次第完全吻合，也就是說修行者由戒生定，因定發慧，依著修學戒定慧三學，就可以跳脫出三界輪迴，獲得個人的解脫。

聖嚴法師認為，大師主張「三學一源」的思想，一直到清末民初的太虛大師（西元一八九〇至一九四七年）出現，才算遇到知音，產生共鳴並加以弘揚。不過，大師是以禪、教、律攝盡各宗，不可偏廢；太虛大師則以八宗各具本位，皆同一佛乘。太虛大師認為：「此之八宗，皆實非權，皆圓非偏，皆妙非麤，皆究竟菩提故，皆同一佛乘故。」換言之，蕅益大師將各宗匯歸一宗，宛如佛陀的身語意三門，雖三而實一；太虛大師則任由各宗獨立，但視為一體；因此，兩位大師的見解，實各具特色。然而，但他們對各宗會合融通的觀念，則是一致的。

再者，若是大乘行者，也是須以戒為基礎，所謂「戒為無上菩提本，應當一心持淨戒。」佛子如果能一心持守淨戒（別解脫戒、菩薩戒），則能不再造作苦因，不造苦因自然不感苦果，能持一分的淨戒，便得一分的解脫；進而廣行六度萬行，廣利有情，圓滿福德和智慧兩種資糧。如此一來，發心受持淨戒，非但不是束縛，更是趣向解脫及成佛的康莊大道。

性相融會思想與修持

「性宗」是法性宗的簡稱，即破除萬法之相而顯萬法空寂真性的宗派。「性宗」的思想是講「一切法因緣生」，是「真如受熏」的因緣。「真如」的本質是：「清淨本然，周徧法界」，「真如受熏」則是強調我們的心性是「清淨本性」；這種清淨本然的真如，受到染、淨諸法的熏習，變現十法界的差別。其主要的經論是《楞嚴經》、《大乘起信論》等。

「相宗」是法相宗的簡稱；「相」是諸法顯現於外，可資分別的形相，是有為法。「相宗」的緣起論認為有情眾生的根本是「阿賴耶」，含藏我們無始業力的作用。「阿賴耶識」本身是不造業的，它就是「受熏」，也就是前七識造善、造惡，「阿賴耶識」都把業力保存下來；等到一切因緣成熟的時候，就變現三惡道或人天的果報，即所謂「阿賴耶識受熏」。其主要的經論是《解深密經》、《成唯識論》等。

大師二十三、二十四歲這兩年，分別聽到《楞嚴經》和《唯識論》的開示，但內心產生了一個疑問：《唯識論》主張「萬法唯識」，但《楞嚴經》則認為「一切法相，皆是虛妄」，這兩者的宗旨似乎相悖、互相矛盾。於是，他向古德法師請教。古德法師回答：「性相二宗，不許和會。」大師對此答案感到很奇怪，為何性相二宗，同是佛法，為什麼會無法融會貫通呢？這個疑問存放在大師的心裡，希望可以早日解開此疑惑。

大師二十五歲再度去徑山參禪。那年夏天坐禪的悟境，當用功得力時，身心世界忽然消失不見；讓他深刻體悟到，這個身體從無始以來，就是依著因緣而生滅，而非自性實有；只是，無始劫以來，堅固的妄想卻將身體妄執為實有，其實這個身體只不過是緣起有，而自性是空。因此，大師了悟身體確實不是父母所生的實有物。

因為大師對身體的緣起性空有深刻地體悟，推及到一切有為法，了知一切有為法都是緣起有，而自性空。從此，對性相二宗，緣起性空之理，融會貫通。因此，對「性相二宗，不許和會」的疑惑，自然消融，深切體悟到性相二宗本來就沒有矛盾。此時，一切的經論和公案，全都浮現在眼前，了了分明。

大師雖然在二十五歲夏天在徑山參禪，當時坐禪的悟境，深切體悟到性相二宗不但沒有矛盾，而且互相融攝的理念，已經有所徹悟。但其理論依據，主要還是根據《占察善惡業報經》的唯心識觀配合相宗的唯識思想，而真如實觀配合性宗的唯心思想，做為性相二宗互相融攝的理論依據。

大師在〈教觀要旨答問十三則〉中提到：「唯心是性宗義，依此立真如實觀；唯識是相宗義，依此立唯心識觀。料簡二觀，須尋占察行法。」大師在〈刻占察行法助緣疏〉中提到：「此二卷（《占察善惡業報經》），已收括一代時教之大綱，提挈性相禪宗之要領。」又在《成唯識論觀心法要》的凡例中說明性相二宗是互相融攝的：

> 性之與相，如水與波，不一不異，故曰性是相家之性，相是性家之相。今約不一義邊，須辨明差別，不可一概儱侗；又約不異義邊，須會歸圓融，不可終滯名相。

大師的參禪主要是依《楞嚴經》，沒有師長指點而得到證悟，這是以佛說的經典為中心，也就是所謂「如來禪」。

大師最初是以參禪者來受持《楞嚴經》的教義；後來受到永明延壽大師的

《宗鏡錄》影響，大師也將《楞嚴經》視為統合禪、教、律、密四宗或性、相二流的根本經典。

永明延壽大師在《宗鏡錄》的自序文提到：

性相二門，是自心之體用。若具用而失恆常之體，如無水有波；若得體而闕妙用之門，似無波有水；且未有無波之水，曾無不濕之波。以波徹水源，水窮波末，如性窮相表，相達性原。須知體用相成，性相互顯。今則細明總別，廣辯異同。研一法之根元，搜諸緣之本末，則可稱宗鏡。

永明延壽大師的意思是：「自性」、「現相」這兩個說法，是自己妙名真心的「本體」與「作用」。若只見到作用而沒見到恆常之本體，就如沒有水卻有波；若見得本體但是缺少妙用本心的方法，就好似一個不會起波的死水。事實上，世間沒有不會起波的水，也不曾見過沒有水的波。因為波的產生來自於水，沒了水也就不會有波；就如同「自性」是終極的本源，「現相」則是自性的作用，而所有「現相」都可通達到「自性」的本源。本體與作用是相互依存，而無法獨存；自性與現相也是一樣，倘若沒有其中一個就無法凸顯出另一個。我們仔細明辨這兩者的共相與別相，廣泛地辯論其中相異與相同之處。《宗鏡錄》一書研究萬法歸一的根源，尋覓各種因緣的本末，故可稱為宗門之鏡。

此段序文清楚闡明性相二宗的關聯，即自心的「本體」與「作用」的關係，是一體兩面的，互相融通。

大師在小開元寺所撰述的《楞嚴經玄文》（包含《楞嚴經玄義》二卷和《楞嚴經文句》十卷），這也是大師的代表作，清楚地闡述《楞嚴經》的妙義。大師認為，《楞嚴經》是宗教司南、性相總要，一代法門之精髓，成佛作祖之正印也。

他認為，性相二宗猶如波浪與水，從來不可分隔。因此，大師作《楞嚴經玄文》時，秉持一個原則：就是「固不敢矯古人而立異，亦不敢殉古人而強同。」可見大師的用心良苦，以多年的教理和實修的經驗，至誠地撰著《楞嚴經玄文》，詮釋《楞嚴經》的奧義。

大師在《大佛頂楞嚴經玄義》的自序文也提到：

大佛頂者，即心自性之理體也。隨緣不變，融四科而惟是本真；不變隨緣，妙七大而各周法界。喻冰水之始終，惟是濕性。譬太虛之群相，不拒發揮。

也就是說，「大佛頂」是本心自性的理體。所謂「隨緣不變」是說，我們的身心隨因緣而有變化萬千，但背後只有一個不變的真心自性；所謂「不變隨緣」則是說，這個真心雖恆久不變，但能將各種因緣客觀的世界與主觀的覺性都有能週遍十方無礙的神妙。如果拿冰和水來比方，二者不同，但自始至終都只有一個溼性；或以空間宇宙的存在來說，只有一個空間，卻能生出萬物萬有的存在而無妨礙。大師清楚闡明，大佛頂是本心自性的理體，也說明自性與現相二者的關聯。

大師在《重刻成唯識論自考錄》的自序文提到：

三界唯心，萬法唯識，此性相二宗，所由立也。說者謂一心真如，故號性宗；八識生滅，故稱相宗。獨不曰：心有真心妄心，識有真識妄識乎？馬鳴依一心造《起信論》，立真如生滅二門，生滅何嘗離真心別有體也？天親依八識造《三十頌》，明真如即識實性，與一切法不一不異，真如何嘗離妄識別有相也？龍樹《中論》，指因緣生法，即空假中，是生滅外無真如。《楞伽》云：心意識八種，俗故相有別，真故相無別。相所相無故，是真如生滅非一異。而護法菩薩於《識論》中最出手眼，直云為遣妄執心、心所外，實有境故，說唯有識；若執唯識真實有者，如執外境，亦是法執。噫！苟得此意，何至分河飲水哉？

嘗論之：性隨相轉，何性不相？設不徧達諸相，無量差別，安知妙性具足如斯染淨功能。相本性融，何相不性？設不深知一性圓頓滿足，安知諸相無非事事無礙法界。

這段序文說明，「三界唯心，萬法唯識」，這是性相二宗立論的根本。有人說真心恆久不滅，所以說叫做性宗；八識生生滅滅，所以叫做相宗。但是，為何就沒人說：心有真心和妄心，識也有真識和妄識呢？馬鳴菩薩依照一心真如的立論做出《大乘起信論》，建立真如與生滅二個概念；然而，生滅門何嘗離真如門而存在？天親菩薩依照八識做了《三十頌》，闡明真如就是八識的實性，與一切法既不一也不異；真如如果離了虛妄的八識，也不另外存在。

龍樹菩薩在《中論》所說的因緣生法也就是「空、假、中」，所以生滅心之外也沒有另一個真如心。《楞伽經》云，心意識的八個種子，依世俗諦來看各自有別相，依勝義諦來看則沒有差異之相；因為，八識諸相之根本共同根源之相並不存在，所以真如與生滅非一也非異。而護法菩薩於《識論》中更是一語道破，直接說：為了消滅虛妄執著之「心」和「心所」外，還有真實的外境之錯誤認知，所以說唯有八識；不過，如果又執著只有識是真實存在，那就如同上面說的執著外境，仍舊是一種法執。如果真的了解這其中的意義，就了解性相之根本是一樣的，怎麼會將其認為是不同河流的水呢？

大師曾論述過：「性」既然會隨著「相」而轉變，哪有什麼「性」不是「相」呢？假設「性」不能遍達諸「相」的各種差別，又怎知妙「性」具足能知「相」

有染有淨的功能？「相」本來與「性」就相互融合，有什麼「相」不是依於「性」而生？假設不深知原來真如自「性」是圓頓具足、無所不含的，又怎能知道諸「相」其實是事事無礙之法界呢？

藉由以上論述，大師充分說明了性相二宗本來就是相互融合的。

總而言之，大師主張性相二宗互相融會，認為無差別的法界，就是法性；而有差別的法界，就是法相。因此，若是悟入圓融的法界，自然理解性相融通。

大師親身因禪定經驗體證到身心世界忽然消失不見，深刻體悟到，這個身體從無始以來就是依著因緣而生滅，而非自性實有；無始劫以來，由於堅固的妄想將身體妄執為實有，這個身體只不過是緣起有，而自性是空，進而推知一切有為法都是緣起有而自性空。此後，對於性相二宗，緣起性空之理，融會貫通。

而且，大師還引經據典地闡述佛陀的教典清楚闡釋性相二宗本來就沒有矛盾，好比真如門與生滅門是一體兩面，互相融通的，此二門不相離故。《大乘起信論》中提到：

依一心法有二種門。云何為二？一者心真如門，二者心生滅門。是二種門皆各總攝一切法。

心真如者，即是一法界大總相法門體，所謂心性不生不滅，一切諸法唯依妄念而有差別；若離心念，則無一切境界之相。

而所謂「心生滅門」，包括世間和出世間的一切現象，是真如本體的相和用；它無自性，依真如或如來藏而有。《大乘起信論》說：「依如來藏故有生滅心。」認為阿賴耶識亦即生滅心，依不生不滅而存在，是不生不滅的如來藏和生滅的無明之和合。如《大乘起信論》提到：「所謂不生不滅與生滅和合，非一非異，名為阿賴耶識。」

換言之，性相二宗，如果從「真如門」而言，了知萬法自性真如本空；如果從「生滅門」而言，阿賴耶識依如來藏而存在，以如來藏作依靠，而現起一切現象。換言之，了知萬法依阿賴耶識（緣起）而呈現森羅萬相，而其自性真如本空。因此，「性宗」與「相宗」是妙明真心的「本體」與「作用」，如同

「水」與「水波」的關係，是一體兩面、互相融通的。

天台思想與修持

天台宗吸納原有的印度佛學理論，揉合中國本土之思想特色，而建立其完善精深之佛學體系。

天台思想是由天台宗智顗大師（又稱智者大師，西元五三八至五九七年）所創立；其師承南嶽的慧思禪師，上溯至北齊的慧文禪師，再追溯至印度的龍樹菩薩為其高祖。

智者大師不僅為天台宗的開宗祖師，亦可說是中國之佛教學者中，建立起如西方哲學龐大體系思想之第一人。

天台教學的中心思想，是依《妙法蓮華經》為主體，智者大師的天台三大部——《法華玄義》、《法華文句》、《摩訶止觀》，乃以《妙法蓮華經》為其骨幹，發揮天台思想，在闡釋義理時，兼論觀心法門；在論述觀心中，不忘闡明義理。也就是有教必有觀，論觀不捨教的教觀並重。

天台思想一向標榜「教觀雙美」。其思想歸納起來，大致可分為以下幾項：一、「五時八教」之判教論；二、三諦圓融；三、一念三千；四、「敵對相即——如來性惡」。

一、「五時八教」之判教論

所謂「五時」判教，是屬於時間歷程上的「豎說」；而「八教」判教是對於佛陀說法之形式與內容的分別，此為「橫說」。

（一）「五時」

所謂「五時」，是將釋尊所說的大小乘佛法，歸納分為：華嚴時、阿含時、方等時、般若時、法華涅槃時等五個階段。智者大師並以「五味」比喻五時：

華嚴時為「乳味」，阿含時為「酪味」，方等時屬「生酥」，般若時是「熟酥」，最後的法華涅槃時則是「醍醐」。由此可以看出五時之次第。

智者大師依釋尊應眾生之根器而施教，依序分為「五時」如下——

釋尊最初在成正覺的三七日間，宣說開示其內自證境界，如「日照高山」之時；其內容即為《華嚴經》，故稱「華嚴時」。

再者，佛陀於十六大國宣說小乘四《阿含經》，如「日照幽谷」之時。因佛陀最初於鹿野苑為五比丘宣說四聖諦，故此時期稱作「鹿苑時」；又取所說經之名，故亦稱「阿含時」。

其次是「方等」，此乃一切大乘經典的總稱。指鹿苑時之後八年間說《維摩》、《思益》、《勝鬘》等大乘經典之時期，如日照平地之時（食時）。因此時為初說方等經，故亦稱方等時。

接著是方等時之後的二十二年間，說諸般若經之時期，故依經名而稱「般若時」，如「日照禺中」之時。

最後八年間佛陀宣說《法華經》與入涅槃之前一日一夜說《涅槃經》，故稱「法華涅槃時」，如「日輪當午」之時。

（二）「八教」

所謂「八教」分為「化儀四教」及「化法四教」兩者，前者為對佛陀化導所化機形式的區判；後者是對佛陀宣說內容的分判。

「化儀四教」，謂佛陀教導眾生之方式有頓教、漸教、祕密教、不定教等四種方式。

所謂「頓教」，謂對堪受大乘甚深法之利根器者，佛陀直說自內證之法，令其當下悟入，即《華嚴經》也。

而「漸教」，謂如來初於鹿苑，破斥邪法，建立正教，專為二乘，此名「漸初」，即《阿含經》也。次於方等會上，彈斥二乘小機，令其歸向大法，此名「漸中」，即《淨名》等經也。後於般若會上，廣談空慧之法，淘汰二乘執小之情，會一切法皆歸大乘，此名「漸末」，即《般若經》也。如是自淺至深，次第而進，故名之。

所謂「祕密」，其意為「不顯露」。因釋尊以不思議神力宣說佛法，即使在同一會上開示，與會聽者因其根器不同，所領悟的內容亦有所差別。因彼此之自證有異且互不相知，故為「祕密」。

至於「不定」，則是對佛陀的同一說法，聽者之得益不同：或聽大法而得小果，或聽小法而得大果。得益不定而彼此相知，此則為「不定」。

再者，「化法四教」，謂智者大師將釋尊教化眾生之教法內容有藏教、通教、別教、圓教等四種內容。

「藏教」者，具名「三藏教」，其教法以小乘教義為主。

「通教」則是通於聲聞、緣覺、菩薩三乘的教法；因其為大乘之初步，所以正通菩薩，旁化二乘。以「因緣即空」為其主要教義。

般若法分為「共」、「不共」二者。共般若屬通教；不共般若則是菩薩獨修之法門，不共二乘。因其有別於前面之藏、通二教及其後之圓教，故稱為「別教」。

「圓教」則為佛陀最究竟無偏之教法，乃是為最上利根者所說之法門。因其教、理、智、斷乃至於因、果，無不皆圓，故稱為「圓教」。以《法華經》為宗的天台教理，即屬此「圓教」位。

智者大師依龍樹菩薩《中論》的偈頌：「因緣所生法，我說即是空；亦為是假名，亦是中道義。」為指南，標出經典教義淺深先後的重點，判以藏、通、別、圓化法四教。

且以蕅益大師在《教觀綱宗》的「化法四教說」略說四教的意涵：

藏教：「因緣所生法」

依析空為觀，無我我所；出分段生死，證偏真涅槃，以三藏教法正化二乘，旁化菩薩。

通教：「我說即是空」

依體空為觀，陰界入皆如幻化，當體不可得；出分段生死，證真諦涅槃，正化菩薩，旁化二乘。

又有利、鈍兩種根性，鈍根二乘，但見於空，不見不空，仍與三藏同歸灰斷，通前藏教；利根三乘，不但見空，兼見不空；不空就是中道，通後別圓二教，所以名為「通」。

別教：「亦爲是假名」

依次第為觀，先空次假後中，開示界外鈍根菩薩，出分段、變易二種生死，證中道無住涅槃。別於藏、通、圓三教，所以名為「別」。

圓教：「亦是中道義」

開示界外利根菩薩，依一心為觀，三諦相即互融，即空即假即中道，圓超二種生死，圓證三德涅槃。

依此論之，天台宗依《法華經》所言之「圓教」，乃是「開權顯實」、「會三歸一」之圓教，其教理並非與前三教對立，而是不離三教並將其攝受，方能顯《法華》圓教之為「圓」。

二、三諦圓融

所謂「三諦」意謂「空、假、中」三諦。依天台宗教理，任舉一法為所觀之境，便「即空即假即中」，此即「三諦圓融」。據說是出自智者大師之師祖慧文禪師所倡之「一心三觀」。

據《佛祖統記》中所載，慧文禪師依《大智度論》文，證得一心三智，入初住無生忍位，更讀《中論》偈頌，而豁然大悟。慧文禪師所依之論文，即《大智度論．卷二七》中所說：

問曰：一心中得一切智、一切種智。斷一切煩惱習，今云何言？以一切智具足得一切種智，以一切種智斷煩惱習？答曰：實一切一時得，此中為令人信般若波羅蜜故。……雖一心中得，亦有初中後次第，……以道智具足一切智，以一切智具足一切種智，以一切種智斷煩惱習，亦如是。

慧文禪師由此「實一切一時得」之句，而省悟：道種慧（智）、一切智、一切種智，三智實同時具足於一心的「三智一心中得」之理。除了《大智度論》外，慧文禪師又對《中論》之「三是偈」有所深悟。《中論．觀四諦品》中所說：

因緣所生法，我說即是空；亦為是假名，亦是中道義。

慧文禪師將此偈理解為「空」、「假」、「中」三諦，並將其與「三智」結合；如此，就智而言為「三智」，就理而言為「三諦」，就觀而言則為「三觀」。三智、三諦、三觀皆可歸於一心，由此得以了悟諸法實相。此即慧文禪師的「一心三觀」之思想。

三、一念三千

「一念三千」出自《摩訶止觀．卷五上》，解釋「觀陰入界境」中之「不思議境」時云：

一心具十法界（地獄、餓鬼、畜生、人、修羅、天、聲聞、緣覺、菩薩、佛），一法界又具十法界。百法界，一界具三十種世間，百法界即具三千種世間。此三千在一念心，若無心而已，介爾有心，即具三千。

此中所說十界互具而成百法界，百法界又悉具「三十種世間」；又百法界各具「十如是」而成「百界千如」，十法界亦各具「三種世間」，「百界千如」配合「三種世間」，則成三千種世間。此三千世間可以在吾人之當下一念中呈現出來。

所謂「三世間」乃智者大師依龍樹大士於《大智度論．卷七十》中所提到的三種世間——「五眾（陰）世間」、「眾生世間」、「國土世間」——加以開展而成。

「三世間」是就「十法界」說其各自不同結構的「國土世間」，就眾生之類別說其存處於何種法界中的「眾生世間」，就諸法界之個別眾生說其生命狀態的「五陰（色、受、想、行、識）世間」。所以，「三世間」並非客觀之三種不同意義的「世界」，而是對於諸種不同的「世界」分說其中的「國土意義」、「眾生意義」、及「五陰意義」。

此一念心，即是眾生日用現前根塵相對所起之一剎那心念。現前起滅之一念，於十界中，必屬一界；若屬一界，即具百界千法。法界森羅諸法，於介爾之一心中，悉皆備足。介爾之一念動處，即法界之全體；一念之當體，宛然三千森羅，無一不具。

四、「敵對相即——如來性惡」

天台智者大師的三大部中，《法華玄義》及《法華文句》出現了「十界互具」與「百界千如」的思想，《摩訶止觀》又進一步說出了「一念三千」的觀念，然這些都僅是「性具」思想，未論及「性惡」之說。有關智者大師的「性惡」觀念，最明顯的是出於其《觀音玄義》及《請觀音經疏》。

在《觀音玄義》「釋名」章之「料簡緣了」一節中，提出「如來性惡說」，其內容大致可以分為四重問答，漸進地對「如來性惡說」予以闡明。

問：闡提與佛斷何等善惡？

答：闡提斷修善盡，但性善在；佛斷修惡盡，但性惡在。

問：性德善惡何以不可斷？

答：性之善惡，但是善惡之法門。性不可改，歷三世無誰能毀，復不可斷壞。譬如魔雖燒經，何能令性善法門盡；縱令佛燒惡譜，亦不能令惡法門盡。如秦焚典坑儒，豈能令善惡斷盡耶？

問：闡提不斷性善，還能令修善起；佛不斷性惡，還能令修惡起耶？

答：闡提既不達性善，以不達故，還為善所染，修善得起，廣治諸惡。佛雖不斷性惡，而能達於惡，以達惡故，於惡自在，故不為惡所染，修惡不得起，故佛永不復惡。以自在故，廣用諸惡法門化度眾生，終日用之，終日不染，不染故不起，那得以闡提為例耶？若闡提能達此善惡，則不復名為一闡提也。問：若佛地斷惡盡，作神通以化物者，此作意方能起惡。如人畫諸色像，非是任運。如明鏡不動，色像自形，可是不可思議理能應惡。若作意者，與外道何異？

答：今明闡提不斷性德之善，遇緣善發；佛亦不斷性惡，機緣所激，慈力所熏，入阿鼻，同一切惡事化眾生。以有性惡故名不斷，無復修惡名不常。若修性具盡則是斷，不得為不斷不常。闡提亦爾，性善不斷，還生善根；如來性惡不斷，還能起惡。雖起於惡，而是解心無染；通達惡際即是實際；能以五逆相而得解脫，亦不縛不脫；行於非道，通達佛道。闡提染而不達，與此為異也。

「敵對種相即」思想，或言「三道即三德」理論，可說是天台圓教思想殊勝於他宗之處。四明知禮大師曾言：他宗教理「全不識敵對種」，由此可見「敵對相即」思想的重要性：

只一具字，彌顯今宗。以性具善，他師亦知；具惡緣了，他皆莫測。

因此，「敵對相即——如來性惡」，可說是天台圓教思想之殊妙，蓋智者大師之「性惡說」，實涵蘊了眾生之「因地」與佛菩薩之「果用」盡皆圓滿具足的甚深義理。

（以上可詳閱慈濟「高僧傳」系列《智者大師——東土釋迦》）

談起大師與天台宗甚深的淵源，可以推到「抓鬮」一大因緣。大師三十二歲時，想要註解《梵網經》，卻不知應依何宗。大乘佛教中，天台、賢首、慈恩三宗，有較完整的思想體系，乃作四鬮問佛，占鬮多次都是得天台宗鬮，亦即應用天台教理方式註解《梵網經》。於是，大師潛心研究天台教理。

之後，大師作了很多佛經的註解，都是採用天台宗的教義，包括《佛說阿彌陀經要解》。大師深受天台宗圓教思想的影響，成為精勤研教持律的淨土行者。

大師認為天台宗的教義廣博並具兼容性，不僅能兼攝禪教律，統合戒定慧，又能會通唯識。因此，大師在理論上以天台教理融會性相二宗，在行持上融合禪淨律，最終導歸淨土。

大師深痛當時的禪門不重視戒律和教理，認為非得弘揚天台宗，否則不能挽救當時佛門的衰相。針對當時佛門的弊病，大師曾說：「予二十三歲即苦志參禪，今輒自稱私淑天台者，深痛我禪門之病，非台宗不能救耳！」

大師在五十一歲時，為了讓初學者了解《法華經》，彙集天台諸家對《法華經》的釋義，編輯成《法華會義》共十六卷的巨著。大師在其〈自跋文〉中極力讚歎，天台宗的圓教妙法是普賢威力及釋迦守護之功。

大師並作了《教觀綱宗》一卷和《教觀綱宗釋義》一卷，是為讓初學者對天台教觀有正確認識，能認識整體佛法的綱骨。如卷首云：「觀非教不正，教非觀不傳。」此二書實為以教觀兼備的天台教義闡釋教觀二門的綱要。

此外，大師依據自己的修持經制定了三部重要的懺儀——《梵網經懺悔行法》、《占察善惡業報經行法》和《贊禮地藏菩薩懺願儀》，這三部懺儀都明顯受到天台宗智者大師懺法體制的影響。

鑑於當時天台宗與禪宗、賢首宗、慈恩宗各執門庭，不能和合，故大師不肯成為天台宗的子孫。然而，大師雖不歸屬任何一派，卻通達任何宗派，而且了知各宗派其實都是圓融的，並教導大家不應該互相有門戶之見。

由於大師「究心台部」，並弘揚天台的教觀義理，對天台宗有卓越的貢獻，仍被後世佛弟子尊為天台宗第三十一代祖師。

地藏思想與修持

一般佛弟子熟知的「地藏三經」是以闡揚地藏菩薩法門為主的三部經典，分別是唐三藏法師實叉難陀譯的《地藏菩薩本願經》、唐三藏法師玄奘譯的《大乘大集地藏十輪經》以及隋外國沙門菩提登譯的《占察善惡業報經》。

《地藏菩薩本願經》是中國佛教流傳最廣的經典之一，詳細說明地藏菩薩的悲願與具體法門；《大乘大集地藏十輪經》是經由世尊與地藏菩薩的問答，呈現出世尊的十種佛輪，用來消除末法時期的十種惡輪；《占察善惡業報經》則是以「占察輪相」為方便法門，引導眾生漸次悟入究竟的「一實境界」為根本要義。

大師曾以「地藏之孤臣」自許，是一位地藏菩薩信仰的虔誠行者。大師說過：「發菩提心無他，唯有仰學地藏菩薩而已！」大師一生勤行地藏懺儀，常持誦地藏菩薩滅定業咒，行占察懺法，用以懺除業障，求生極樂淨土。

古德稱《地藏菩薩本願經》為「佛門之孝經」；大師在二十歲那年，父親因病往生，便是恭誦《地藏菩薩本願經》為父親超薦。

大師當時看到地藏菩薩的本願：「地獄未空，誓不成佛；眾生度盡，方證菩提。」內心受到很大的感動。地藏菩薩的悲願激發起大師出世之心；為了報答父母及眾生的恩惠，大師開始萌生出家的念頭。

由於大師年少時曾造闢佛論，批評佛法，深感謗法罪業深重。因此，大師畢生常行《地藏菩薩懺儀》，常持誦〈地藏菩薩滅定業真言〉，以期滅除罪業。

大師三十三歲那年，溫陵的徐雨海居士向大師提起《占察善惡業報經》；大師立刻派人專程前往杭州的雲棲寺請得此妙典，立刻展開並閱讀經文，頓感悲欣交集，如獲至寶。從此以後，大師深究《占察善惡業報經》，並大力弘揚地藏法門。

大師有關地藏菩薩的著作，包括《占察經玄義》一卷、《占察經義疏》二卷、《占察善惡業報經行法》一卷、以及《贊禮地藏菩薩懺願儀》一卷。

此外，尚有一些願文、疏文和書簡等，如〈九華地藏塔前願文〉、〈補總持滅定業真言疏〉、〈甲申七月三十日願文〉、〈化持地藏菩薩名號緣起〉、〈贊禮地藏菩薩懺願儀後自序〉、〈為警心居士持地藏本願經兼勸人序〉、〈化持滅定業真言一世界數莊嚴地藏聖像疏〉、〈化鐵地藏疏〉、〈刻占察行法助緣疏〉、〈九華芙蓉閣建華嚴期疏〉、〈華山營建眾僧塔疏〉、〈復九華常住書〉等文書。

大師非常倚重《占察善惡業報經》，諸如蓋茅廬、退戒或得戒與否、以及先修持何種法門等，全都依奉占察輪相所占得的結果，而決定如何進行下一步的行持。

大師說過：「末世欲得淨戒，舍此占察輪相之法，更無別途。」大師認為，末法時代的出家眾，若不依奉《占察善惡業報經》的懺法，便無法得到清淨的比丘戒。大師自身便是精勤依《占察善惡業報經》的懺法修行，終於在四十七歲的元旦，於比丘戒的求得方法，依《占察善惡業報經行法》，獲得清淨的輪相，得到比丘戒的戒體。

大師在《占察善惡業報經行法》的緣起中提到：

夫諸佛菩薩愍念羣迷，不啻如母憶子，故種種方便，教出苦輪。而眾生不了業報因緣，罔知斷惡修善。淨信日微，五濁增盛，由此劇苦機感，倍關無緣慈應。爰有當機，名堅淨信，諮請世尊，曲垂悲救。佛乃廣嘆地藏功德，令其建立方便。於是以三種輪相，示善惡差別；以二種觀道，歸一實境界。仍誡業重之人，不得先修定慧；應依懺法，得清淨已，然後修習二觀，克獲無難。此誠末世對症之神劑，而方便中之殊勝方便也。予悲障深，竊玩《占察善惡業報》一經，原屬釋迦大聖徹底悲心，地藏菩薩格外方便。三種輪相，巧示業報因緣，無疑不決；二種觀道，深明進趣方便，大乘可登。

簡言之，大師認為，《占察善惡業報經》乃是釋迦牟尼佛和地藏菩薩之大悲心的體現，行者若依二種觀道修持，可登大乘之門。

大師感慨自己雖辛勤修證，仍然未證法忍；每次閱讀地藏三經，常忍不住涕泗橫流；對往昔的無知造業感到悲慟，並感念地藏菩薩的拯拔。因此，大師一生恭敬推崇《大乘大集地藏十輪經》、《占察善惡業報經》以及《地藏菩薩本願功德經》等地藏三經，並著述《占察善惡業報經行法》此一行法。

大師說過：

占察示一實境，則一大事因；示二種觀，則一大事緣。愈信如來密因，菩薩萬行，一門超出，無二無三，誠不我欺。每拈此義，點示未聞，隨其根性，各獲法喜。

大師並展現其深信與力行《占察》行法之決心：

予能知占察大旨，依經立懺，而未能自得輪相，人誰信之？此實說藥不服，咎不在藥也。良方良藥，昭昭具在，地藏菩薩，決不我欺；我已知不服之咎，誓將服之。

大師也勸勉末法的修行人，須體會堅淨信菩薩問法苦心，深究地藏菩薩立法的本意。以真實不欺誑心，痛切為生死心，無上大菩提心，於此經中，開發正解，成就真修，得堅固信，不墮疑障。

三十八歲三月間，大師到九華山，朝禮地藏菩薩塔。之後，大師做四個鬮，向地藏菩薩祈願、占鬮，請地藏菩薩指點迷津，決定修行的法門；結果占到「閱藏著述」的鬮。此後，大師的餘生，便以「閱藏著述」做為主要的修行法門。

大師在九華山地藏塔前，發下一個清淨的菩提大願，並作了〈九華地藏塔前願文〉，願文提到：

夙造深殃，丁茲末世，雖受戒品，輕犯多端；雖習禪思，粗惑不斷。讀誦大乘，僅開義解；稱念名號，未入三摩。外睹魔黨縱橫，痛心疾首；內見煩惱紛動，愧地慚天。復由惡業，備受病苦。痛娑婆之弊惡，嘆沉溺之無端。由是扶病人山，求哀大士，矢菩提於永劫，付身命於浮雲。

發願後，大師敬燃臂香六炷，供養忉利勝會地藏菩薩摩訶薩。另外，大師又敬燃三炷香祈求：

一炷悔三業重失，生來殺業淫機，謗三寶罪，口過惡念，乃至舊歲染疾後，種種不盡如法，如是等，願盡消除。

二炷為求四願，律儀清淨，斷惑證真，長康無病，廣作福事。

三炷為決疑網，若先禮懺，求淨律儀。若先習禪，斷除煩惑。若先閱藏，以開慧解。若先立行，以廣福緣。唯願救世真士，大智開士，一切知見者，於諸眾生得不忘念者，必垂哀鑒，開我迷雲。

之後，大師並發如下大心：

我復於大慈悲父前，瀝血銘心，作如是願：如一眾生未成佛，終不先自取泥洹。倘夙因緣牽入惡道，願菩薩弘慈常覺悟我，使我念念憶菩提心，令菩提心相續不斷。若夙障稍輕，願大士威神，令我早成念佛三昧，決定得生阿彌陀佛世界，乘本願力，無邊剎海，化度有情，盡未來際，無有疲厭。

由此看來，大師發大菩提心，並決意求生阿彌陀佛極樂世界，以及利生悲願的深廣。

前文曾提及，大師三十九歲時，曾結壇持誦地藏菩薩滅定業咒，行占察懺法，檢討自身過失。又因聽聞北平等中原各省饑荒連年，張獻忠和李自成等流寇作亂掠民；於是結壇百日，廣化出家、在家四眾弟子，虔誠持誦滅定業真言「唵鉢囉末鄰陀寧娑婆訶」十萬萬遍，祈求仰仗地藏菩薩慈悲加持，消弭刀兵劫難，令國土安寧、萬民安居。

大師在〈補總持滅定業真言疏〉中闡明地藏菩薩的願力不可思議，至心持誦滅定業真言可以消除業障，滅除定業：

敬禮慈尊地藏王，神咒善能滅定業。普救無邊五濁苦，紹隆三寶種不斷。智旭與法界眾生，迷本淨心，已造定業。無明所覆，不自覺知，故於今日，同嬰苦報，遠隔正法，遭遇魔邪，倒說大乘，誣毀了義，逐後世微績，忘教主典型。設宣實道，反被譏訶。雖解真乘，仍虧智斷。歎同修之落落，嗟外護之冥冥；果豈他尤，因原自造。唯捫心內悔，悲仰求哀，恭念地藏大士，無上醫王，滅業真言，無邊神力，定能拔三障苦，施三德樂。是以專心持誦，速望冥加。

大師又在〈化持滅定業真言一世界數莊嚴地藏聖像疏〉中提到：「釋迦佛謂定業不可救，所以寒造罪之心；地藏菩薩說〈滅定業真言〉，所以慰窮途之客。」說明地藏菩薩的願力不可思議，至心持誦滅定業真言可以滅除定業，用來安慰及拯救窮途之行者。

大師住在九華山兩年多的時間（三十八歲三月到四十歲夏天），雖說身體是體弱多病，人稱大師為「禪癯」，但是精神糧食相當豐裕，奠定其佛學思想，並在餘生以「閱藏著述」為其主要的修行法門。這對大師本身的修持以及佛教的弘揚，影響很大。

大師對地藏法門的倡導，深深影響印光大師、弘一大師和夢參老和尚等行者，繼續弘揚地藏法門，廣利群生。

懺悔思想與修持

懺悔是指懺罪與除惡的行門。根據義淨法師的《南海寄歸內法傳．卷二》，以及《根本說一切有部毘奈耶．卷十五》的註中，都對 Ksamayati 舊譯為「懺悔」，表示不太認同。義淨法師認為，應譯為「懺摩」較符合梵文的原意，是乞求饒恕與容忍的意思。不過，本文仍用舊譯「懺悔」一詞，因已於佛教界普遍通用之故。

根據《天台四教儀集注》，懺悔可分為作法懺、取相懺和無生懺三種。

「作法懺」是透過身業禮拜、口業稱唱、意業思惟進行懺悔。

「取相懺」是對過去所犯的罪惡逐一回顧，深入地進行懺悔，比作法懺更加深入，需要在定中見到「相好」才算懺悔見效。所謂「相好」指的是，例如於道場中或見佛來摩頂、或見光現、或見華（花）飛，或夢中見諸瑞相，或聞空中聲等，於此諸相，隨獲一種，罪即消滅，此為「取相懺」。

「無生懺」是從空性慧了知一切法都是緣起，其自性本空，故無自性實有的善惡業，也就無從獲苦樂報，因而不再輪迴。

若是犯垢罪（其罪雖輕，然汙清淨之行）及輕罪者只須行「作法懺」即可悔罪，犯重罪者須行「取相懺」，犯逆罪（罪大惡極、極逆於常理之罪，如五逆罪）者須進行「無生懺」。若是犯墮罪（由此罪而墮於地獄）者，則依各別律儀（謂別解脫戒、菩薩戒和密乘戒）的還淨儀軌來淨除墮罪。

前文提及，大師少年時受到程朱的理學思想薰陶，雖然想繼承古今聖人的道統，但面對當前腐敗的政局和動盪不安的社會、理想與現實的差距，難免會憤世嫉俗；不但開始吃肉喝酒，甚至作了幾十篇闢佛論，批評佛法，立誓消滅佛道（釋老）。

大師學佛後，對年少時造闢佛論批評佛法，深感謗法罪業深重。大師曾說：「旭十二、三時，因任道而謗三寶，此應墮無間獄，彌陀四十八願所不收。善根未殞，密承觀音、地藏二大士力，轉疑得信，轉邪歸正。」又說：「旭少習東魯，每謗西乾，承觀音大士感觸攝受，後聞地藏本願尊經，始發大心，誓空九界。」為此，大師畢生常行懺悔法，希望懺除業障。

大師認為，自己修行過程中，常遇到功夫將得力時，就被業障干擾，而不得成就；而且，本身多病的體質，讓大師深深覺得是業障現前。大師以為，自己中年時期就是因此多障多病。

除了自覺業障深重外，大師也認為自己生不逢時——出生太晚了，沒有生在佛世，或遇到聖賢出世。大師曾說：「予生也晚，弗及受先輩鉗錘。」也就是說，大師習儒時，不能親炙陽明；後學佛，不能躬承紫柏等人。從大師的著作中，可以看出大師遺憾自己出生甚晚及深感業障深重。

大師引用《占察善惡業報經》云：

若未來世諸眾生等，欲求度脫生老病死，始學發心修習禪定、無相智慧者，應當先觀宿世所作惡業多少及以輕重。若惡業多厚者，不得即學禪定、智慧，應當先修懺悔之法。所以者何？此人宿習惡心猛利故，於今現在必多造惡，毀犯重禁。以犯重禁故，若不懺悔令其清淨，而修禪定、智慧者，則多有障礙，不能克獲；或失心錯亂，或外邪所惱，或納受邪法，增長惡見。是故，當先修懺悔法，若戒根清淨，及宿世重罪得微薄者，則離諸障。

經文闡述，初業行者在學習禪定、慧觀等法門之前，應當先進行懺悔。首先，行者要徹底反省並追悔所犯下的一切罪過，進而行持相對應的懺悔法門，將惡業懺悔清淨，然後才能修習禪定、慧觀等法門。修持懺悔法能令戒根清淨，使行者保持身、口、意三業的清淨，才能達到事半功倍的效果；否則，修習禪定與慧觀等法門時，恐怕會產生失心錯亂、惡見等障礙，而無法修行獲得成就。

由於大師深感業障深重，一生中常行各種禮懺法，以期懺除業障、修行得以成就。

在〈大悲行法道場願文〉中，大師對自己一生的過失和業障，歸納為六大罪和無數多的小過失。六大罪是——

一、明知向上一路，而不能親到佛祖真受用處。

二、明知圓頓教觀，而不能登五品以淨六根。

三、明知大小毗尼，而不能清淨性遮諸業。

四、明知殺業是刀兵劫因，而殺機尚未永忘。

五、明知偷盜是饑饉劫因，而偷心尚未全斷。

六、明知淫欲是疫病劫因，而淫機尚自熾燃。

大師提到，自己從根本上還沒有完全做到對殺戒、盜戒、淫戒這三大基本重戒的持守，其他的小罪小過，更是難以做到完全清淨無瑕。

比如，就殺戒來說，大師認為自己雖然知道殺業會帶來未來的戰亂之因，但在他內心中，仍會不由自主地萌發出殺生的念頭（不是指殺人）。就偷盜戒而言，大師認為自己雖然明知偷盜會導致人們心地不純，與純良正直的天性相悖，會導致未來社會出現饑饉劫的因，但偷盜之心卻難完全斷除。從淫戒而言，大師認為自己雖然明確地了解淫欲會帶來各種不良的果報，不僅無法出離三界、獲得解脫，還會導致未來社會疫病廣泛流傳的原因；而自己內心的淫欲之念，卻始終難以完全消除。

在〈結壇水齋持大悲咒願文〉中，大師對自己過去犯下的謗佛惡業懺悔，並發願能夠透過禮敬三寶、燃香供佛、虔心持齋、勤修念佛、持咒等方式，得到諸佛菩薩的加持，能夠做到：「願從今去，戒根永淨，遮性無虧，定慧齊彰，寂用自在。三途息苦，九品蓮敷，共睹須彌毫相，同圓法界藏身。」

由此可知，大師認為懺悔能夠幫助自己淨除惡業，息滅三惡道苦，並得到諸佛菩薩的加持，清淨持守戒律，引生禪定與智慧，將來可以往生西方極樂世界，同圓法界藏身阿彌陀佛。

大師常行的禮懺法，包括《大悲懺》、《慈悲水懺》、《慈悲道場懺法》、

《梵網懺》、《占察善惡業報經行法》、《淨土懺》、《金光明最勝懺儀》、持誦〈地藏菩薩滅定業真言〉及〈七佛滅罪真言〉等，廣修各種懺悔罪業的行門。

大師認為，即使再重的罪行，如能誦持「大悲咒」，也必能將罪行淨除；若是如法懺悔罪業，則一切罪障悉皆消滅；一切十惡五逆，謗人謗法，破齋破戒，破塔壞寺，偷僧祇物，汙淨梵行，如是等一切惡業重罪，悉皆滅盡。

又如《觀無量壽佛經》云：「稱佛名故，於念念中，除八十億劫生死之罪。」意謂念佛是懺悔罪業有力的行法。大師認為：「如日出，群暗消；稱洪名，萬罪滅。」簡言之，如同太陽的光芒能破除世間的黑暗，而阿彌陀佛的萬德洪名，則能滅除多劫生死重罪，以及種下成佛的金剛種子。

大師從緣起性空的本體論解釋懺悔得力的理由，說道：「罪性本無生，何須復覆藏？覆藏罪成有，不覆罪乃空。」闡明所謂的「罪惡」，在本質上是自性空的，並沒有一個自性實有的罪惡存在。就好比「苦」，也只是眾生對於現實生存狀態的一種虛幻的感受一樣，並沒有一個真實獨立存在的「苦」，都只是存在於眾生的一念之間，是虛幻不實的。因罪性本空，就沒有必要對「罪惡」加以覆藏，只要至誠發露懺悔「罪惡」，「罪惡」也就被淨除了。

綜上所述，大師一生中勤修各種禮懺法，希冀懺除業障。在多種懺悔罪業的行門，大師尤以觀音菩薩的《大悲懺》和地藏菩薩的《占察善惡業報經行法》為最主要的禮懺法。大師認為「破戒雖惡，覆藏尤惡；無過雖善，改過尤善」；所以，犯下錯誤或違犯戒律，不要覆藏罪惡，而要發露罪惡，並至誠懺悔罪業，改過遷善是三世諸佛證得菩提道果的共同路徑。

大師認為只有透過懺悔，懺除業障，並且改過向善，才能避免墮入惡道，實現自身的解脫。若行者以至誠心懺悔罪業，能夠懺除業障，以此回向往生西方極樂世界，亦得往生淨土。

觀音思想與修持

大師常行的大悲懺，便為觀世音菩薩法門之一。

觀世音菩薩又名觀音菩薩。「觀世音」的意思是什麼呢？主要有兩種解釋：第一，是從自修法門而言，說明觀世音菩薩是通過觀察世間音聲的虛妄不實而明心見性的，如《楞嚴經》所謂「返聞聞自性，性成無上道」。第二，是從度化眾生的途徑，說明觀世音菩薩是通過觀察世間的音聲而循聲救苦的。如《妙法蓮華經．觀世音菩薩普門品》所說：

若有無量百千萬億眾生，受諸苦惱，聞是觀世音菩薩，一心稱名，觀世音菩薩即時觀其音聲，皆得解脫。

如《悲華經》也提到觀世音菩薩因心生大悲心，欲令眾生離苦得樂，故蒙佛授記名為觀世音。

談到觀世音菩薩的法門主要有兩部流傳很廣的經典，一部是《般若波羅蜜多心經》，另一部是《楞嚴經》。《心經》為大般若經之精要，諸佛之心要。觀世音菩薩在修行甚深般若時，照見五蘊（色受想行識）皆空，由此智慧顯現，人法雙忘，超脫一切世間如幻的苦厄。《心經》是以觀世音菩薩的修證為例，說明般若（智慧）是一切諸佛菩薩的不二法門。

《楞嚴經》第六卷中，則較具體介紹觀音菩薩修持般若正觀的途徑及功用。〈觀世音菩薩．耳根圓通章〉中提到觀世音菩薩是師承於觀世音佛，久遠劫長時間修此觀世音菩薩法門。此法門的特點是遵循修行的三個步驟：聞、思、修——也就是先聽聞佛法，然後思惟其義理，再依法修行，如此趣入觀世音菩薩法門的修持境界。

依據學者考證，觀世音菩薩最初的原形是古印度婆羅門教中的一對孿生小馬駒；它神通廣大，能使盲人復明、不孕者生子，象徵著慈悲與善，被尊奉為雙馬童神。佛教創立後，尤其是大乘佛教興起後，神馬駒逐漸成為一位慈眉善目的菩薩，稱為「馬頭觀音」，密教至今仍供奉馬頭觀音，又稱為馬頭明王，是觀音的忿怒相。

印順法師在《華雨集》中也提到，關於觀自在菩薩的傳說，在部派佛教認為是：商人航海去採寶，因風而漂流到僧伽羅 Siṃhala，也就是錫蘭（現在的斯里蘭卡），當時島上住的是美麗的女羅剎。商人們就分別與羅剎婚，生育兒女。如有新的人漂來，就會將舊的商人吃了；唯有婆羅（Bālāha）天馬從空中經過時，即使捉住馬王的一根毛，就能渡海並脫離被殺的命運。到了「大乘佛法」時代，馬王傳說轉化為觀自在菩薩神力救難之一，所以在「祕密大乘佛法」中，觀自在菩薩示現，有馬頭觀音，為六觀音，八大明王之一。

觀世音菩薩的淨土是布呾洛迦（梵文 Potalaka，又譯作普陀洛），傳說與印度東南沿海地區有關，所以觀世音菩薩的救苦救難，特別受到航海者、沿海漁民的崇信；而類似觀音救護海難的媽祖，可說是觀世音菩薩的中國化。

觀世音菩薩的信仰在魏晉南北朝時期主要集中在中、下級官吏（縣令、庫吏等）和僧人，到了明朝已經普及到皇宮貴族及一般百姓，都普遍信仰觀世音菩薩。

有關觀世音菩薩的主要修持法門之一是《大悲懺》，這是以誦持「大悲咒」為主的一部懺法，由北宋的四明知禮大師（西元九六〇年至一〇二八年）所編纂。知禮法師一生以修持「禮懺法門」為主；他認為唐朝伽梵達磨法師所譯的《大悲心陀羅尼經》（全名《千手千眼觀世音菩薩廣大圓滿無礙大悲心陀羅尼經》）很適合作為懺法，便以此經為底本，再參考湛然大師的《法華三昧行事運想補助儀》中的儀軌部分，編輯而成《大悲懺》。其滅罪的思想，如經文所示：「一切罪障悉皆消滅，一切十惡五逆，謗人謗法，破齋破戒，破塔壞寺，偷僧祇物，汙淨梵行，如是等一切惡業重罪，悉皆滅盡。」

另一個常修的觀音法門是六字大明咒——嗡（唵）嘛呢貝（唄）美（吽）吽（Oṃ Maṇi Padme Hūṃ），這是觀音菩薩的心咒，其主要的意涵是藉由結合慈悲和智慧的修行，將不清淨的身語意轉化為清淨的身語意。

頂果欽哲法王（西元一九一〇年至一九九一年；西藏佛教寧瑪派祖古、伏藏師，雪謙寺住持，曾任不丹國師，是第十四世達賴喇嘛的上師之一，也是現代利美運動的主要領導者）在《證悟者的心要寶藏》中提到：「六字大明咒非常容易念誦，也濃縮了所有佛教經典的要義。它是觀世音菩薩的心，所帶來的加持是無盡的。……這是因為觀世音菩薩的心咒含有諸佛無盡的加持與慈悲。」又說：「觀世音菩薩的六字大明咒——嗡嘛呢貝美吽，是諸佛慈悲智慧的音聲顯現。其中涵攝了佛所教授八萬四千法門的精義。據說，只持誦嘛呢咒一遍，就等於誦念了佛陀所傳的十二分教。持誦六字大明咒，就等於圓滿了菩薩的六度，並能穩固地杜絕任何投生六道的可能性。」

簡言之，六字大明咒是一個簡易的觀音菩薩實修法，任何人都容易了解及修持。

也有人修持千手千眼觀世音菩薩禁飲食齋法門。這個法門是帕摩（意為「吉祥」）比丘尼（Gelongma Pamo）親見大悲觀世音菩薩，並得到觀世音菩薩賜予灌頂和實修的教授；帕摩比丘尼依此法門實修，當生獲得成就。因此，若是能實修這些法門，很容易和觀世音菩薩感應，獲得加持。

大師是仰承父親持誦「大悲咒」的功德而出生，而且自幼與觀世音菩薩感應道交，出家後也常常受持「大悲咒」。因此，大師弘揚淨土法門時，除了信願持名念佛外，也常鼓勵大眾持誦「大悲咒」做前行的修持。大師一生誦咒的加行有十幾次，也顯示跟觀世音菩薩因緣很深。大師一生常行禮懺法，其中奉行最多的懺法，就是《大悲懺》。

如大師在〈結壇水齋持大悲咒願文〉中云：

敬對三寶大悲菩薩。然香十炷，結七七壇，謹服水齋，至心持大悲圓滿神咒十萬八千。以此功德，必求加被。願從今去，戒根永淨，遮性無虧，定慧齊彰，寂用自在，三塗息苦，九品蓮敷。共睹須彌毫相，同圓法界藏身。

如文所言，大師常燃十炷香，恭敬供養三寶大悲菩薩，並結壇水齋，至心持誦大悲咒十萬八千遍；祈願此後持戒清淨無瑕垢，禪定與智慧雙修，同生極樂，親睹彌陀，同證法身。

簡言之，大師常結壇禮《大悲懺》、誦大悲咒，祈願戒體清淨、罪業盡除、永造善業及同生淨土、聞佛說法、共證法身。

淨土思想與修持

一提到淨土宗，大家可能想到念佛。在原始佛教的經典，可以看到佛陀教導弟子修習六念法（即念佛、念法、念眾、念戒、念施、念天）或十念法（即念佛、念法、念眾、念戒、念施、念天、念休息、念安般〔出入息〕、念身非常〔念死〕），而「念佛」便為六念法或十念法之首。

這些經文散見於《長阿含經》、《中阿含經》、《雜阿含經》和《增一阿含經》中。佛陀教導弟子藉由專心憶念並觀想佛的形相及功德，包括觀想佛的身體、顏貌及佛的戒、定、慧、解脫、解脫知見等五分法身，如此經常攝心念佛，可以不生起煩惱心；而且令心生起諸多善功德，對於佛法生起歡喜心，並覺受安樂而能安定其心，趣入佛法的智慧大海，達到個人的解脫。簡言之，藉由憶念佛的形相和功德，不但消除眾生的憂悲苦惱，而且來世不生惡趣，甚至達到個人的解脫。

大乘佛教廣泛提到十方諸佛及其剎土，例如阿彌陀佛之極樂世界、藥師佛之琉璃世界、不動（阿閦）佛之妙喜世界、觀世音菩薩之普陀世界和彌勒菩薩之彌勒內院（在兜率天）等。其中，對華人而言，阿彌陀佛和觀世音菩薩更可謂是家喻戶曉的佛菩薩；正如俗諺云：「家家彌陀佛，戶戶觀世音」，百姓對其佛號琅琅上口。此處的「念佛」，則是希望藉由憶佛、念佛，來世往生佛國淨土。

此種「仰賴佛力——稱念佛菩薩的名號」的概念，是出自於龍樹菩薩的《十住毗婆沙論．易行品》。此品介紹菩薩的修行之道，有「難行道」和「易行道」兩種；如世間行路，以步行走陸路，比較吃力艱難；乘船行水路，比較省力容易。

「難行」的菩薩道，是指仰賴自力，勤修戒定慧，於無量劫，難行能行，破惑修證，豎出三界。菩薩於三大阿僧祇劫，勤修難行能行、難忍能忍的菩薩道；也就是在因地發菩提心，十信、十住、十行、十回向、十地而成佛。

「易行」的菩薩道，是指仰賴佛力，一心執持名號，得佛願力的加持，此身得至阿惟越致地，疾速圓成菩提。（原文是「若人疾欲至不退轉地者，應以恭敬心，執持稱名號。」）其修行方法，即是稱念十方諸佛菩薩的名號。（東方善德佛等十方十佛、阿彌陀佛等一百零七佛，乃至善意等一百四十三菩薩名號）也就是以信心為方便而致不退轉位。

隨著時代與社會的變遷，易行道的修行方法，由稱念十方諸佛菩薩的聖號，逐漸轉變成以稱念阿彌陀佛的聖號為主，並以求生極樂世界為依歸。當然，仍有些人是以稱念其他佛菩薩的聖號，求生其他淨土為依歸。

在中國佛教中，有關念佛法門的淵源，最早始於東晉道安法師；其著有《淨土論》六卷，宣導往生兜率天的彌勒淨土。之後，其弟子慧遠大師結白蓮社念佛，力倡念佛三昧，以期能往生西方極樂淨土親聞阿彌陀佛說法；慧遠大師並被尊為中國淨土宗初祖。

再者，北魏曇鸞大師依據世親菩薩的《往生論》，撰著《往生論註》。曇鸞大師認為，以參禪等方式修行，單憑自力，不易成就；惟有一心念阿彌陀佛，依賴佛的願力（即他力），往生淨土。他強調其根據乃是阿彌陀佛的悲願，尤其是阿彌陀佛四十八願中的第十八願（本願）：

設我得佛，十方眾生，至心信樂，欲生我國，乃至十念，若不生者，不取正覺；唯除五逆，誹謗正法。

這說明了，阿彌陀佛在因地發願：若眾生具足信願，乃至十念繫念阿彌陀佛的名號，必定可以往生極樂世界；因此，仰賴阿彌陀佛的悲願，凡夫便可以往生極樂世界清淨剎土。故曇鸞大師極力闡揚阿彌陀佛的淨土法門。

之後是道綽大師，繼續倡導阿彌陀佛的淨土法門。集大成者是唐代善導大師，著有《觀經疏》，專依阿彌陀佛的本願立宗，闡明「本願持名，凡夫入報」，特重持名念佛，以「全仗佛力」和「專稱佛名」為其核心要義，奠定淨土宗的根基，並發展成今日以持名念佛為主的淨土宗（善導派）。

善導大師提到「念佛」有兩個重點：一者，自己是凡夫，從無始以來，不斷地在六道中流轉，沒有出離三界的能力；二者，若是想要脫離六道輪迴，無法單靠一己之力，唯賴阿彌陀佛的本願攝持，乃能橫超三界。換言之，一切善惡的凡夫得以往生極樂淨土，皆仰賴阿彌陀佛的本願。

現今善導派的淨土宗特別注重具足信願，以持名念佛為正行，禮拜、懺悔等為助行，引發慈悲心，進而趨入菩薩行。如此不僅能消除罪障，而且可以種下往生淨土之因。

有關淨土法門的經論，目前中國流傳最廣的淨土經論為五經一論，即《佛說無量壽經》、《觀無量壽佛經》、《佛說阿彌陀經》、《華嚴經・普賢菩薩行願品》、《楞嚴經・大勢至菩薩念佛圓通章》、以及《往生論》。

大師不僅博通三藏，而且通達各宗派，集佛學思想之大成，最終會歸淨土。大師有關淨土的著作，主要有：《佛說阿彌陀經要解》、《淨土十要》、《西有寱餘》、《續西有寱餘》以及《靈峰宗論》中的〈阿彌陀佛贊〉、〈佛說阿彌陀經塔選〉、〈示念佛法門〉、〈念佛三昧說〉、〈示念佛三昧〉、〈持名念佛歷九品淨四土說〉、〈參究念佛論〉、〈念佛即禪觀論〉、〈答卓左車彌陀疏鈔三十二問〉、〈靈峰寺淨業緣起〉、〈禮淨土懺文〉、〈結壇念佛回向文〉、〈大病中啟建淨社願文〉、六首〈大病初起求生淨土〉等著作，對後世的淨土思想影響深遠。茲歸納成下列七點予以說明。

一、淨土法門涵攝一切佛法，持名念佛最為穩當

大師將律宗、教理、禪宗以及密宗等四宗，都以導歸極樂為目的。大師在《法海觀瀾》的自序文中提到：律宗、教理、禪宗以及密宗等四宗，是淨土宗的真正因；而四種淨土（即凡聖同居土、方便有餘土、實報無障礙土、常寂光土），則是律宗、教理、禪宗以及密宗等四宗，真正的成果；此說法與普賢菩薩以十大願王導歸極樂，有異曲同工之處。大師除了本身勤修念佛，更以此化導他人念佛。

大師在《佛說阿彌陀經要解》中提到：

一切方便之中，求其至直截至圓頓者，莫若念佛，求生淨土；又於一切念佛法門之中，求其至簡易、至穩當者，莫若信願專持名號。

大師開宗明義就讚歎淨土法門的殊勝，莫若信願專持名號。雖然眾生皆有佛性，但要藉由念已經成佛的諸佛，才能啟發我們內心之自性佛的顯現。

至於「觀像」（觀看佛像，另一說為以心念觀想佛的三十二相、八十種好）、「觀想」（心裡觀想佛的相好莊嚴，另一說為攝心觀佛的功德或淨土莊嚴）、「實相」（觀諸法實相或「本來面目」）、「持名」這四種念佛方法，大師特別提倡持名念佛；大師認為，持名念佛一法，含攝觀想、觀像及實相這三種念佛。

二、具足信願，持名方爲正行，信願爲往生最重要的關鍵

大師在《佛說阿彌陀經要解》中提到：

信願持名，一經要旨，信願為慧行，持名為行行。得生與否，全由信願之有無；品位高下，全由持名之深淺。故慧行為前導，行行為正修，如目足並運也。

大師說明，往生極樂世界三資糧——信、願、行；能否往生極樂世界，取決於是否具足信願；而品位的高低，則決定於持名功夫的深淺。

大師又說：

若信願堅固，臨終十念、一念亦決得生；若無信願，縱將名號持至風吹不入、雨打不濕，如銅牆鐵壁相似，亦無得生之理。

意謂信願是決定能否往生西方的關鍵。若具足信願，散心稱名（臨終十念或一念）也能往生（下品下生）；反之，如果不具足信願，就無法往生極樂世界。

大師主要是根據阿彌陀佛四十八願中的第十八願（又稱本願）：「設我得佛，十方眾生，至心信樂，欲生我國，乃至十念，若不生者，不取正覺；唯除五逆，誹謗正法。」由於阿彌陀佛在因地行菩薩道時發了此願，眾生只要具足信願，乃至十念繫念彌陀名號，必定可以往生彼國。

大師認為，《佛說阿彌陀經》是以信願持名，為修行之宗要。非信不足以啟願；非願不足以導行；非持名妙行，不足滿所願而證所信。「信」則信自、信他，信因、信果，信事、信理；「願」是厭離娑婆，欣求極樂；「行」則執持名號，一心不亂。略而言之，以信願行貫通全經。因此，若具足信願，散心稱名也能往生。

大師在〈持名念佛歷九品淨四土說〉中提到：

若欲速脫輪迴之苦，莫如持名念佛，求生極樂世界。若欲決定得生極樂世界，又莫如以信為前導，願為後鞭。信得決，願得切，雖散心念佛，亦必往生；信不真，願不猛，雖一心不亂，亦不得往生。

大師強調深信切願，散心稱名也能往生；反之，信願不真切，雖一心不亂，也不能往生。

三、信願行的意義

大師在《佛說阿彌陀經要解》中提到：「信則信自、信他、信因、信果、信事、信理；願則厭離娑婆、欣求極樂；行則執持名號、一心不亂。」

首先，所謂「信」分為六種——

（一）「信自」：

信我現前一念之心，不是肉團，也不是所緣的投影，其中沒有時間空間；此真心具「隨緣」和「不變」二義，所謂「隨緣常不變」及「不變常隨緣」；十方虛空世界，乃至微塵國土，都是我這一念心中所現之物。我今雖昏迷倒惑，但只要能一念回到本心，必能往生自己心中本具的極樂世界，更無疑慮，這叫做「信自」。

（二）「信他」：

相信釋迦如來決不會妄語，阿彌陀佛也不會發空願，六方諸佛所說的佛法亦不會前後不一致。因此，隨順諸佛真實教誨，決定志向求生佛國，更無疑惑，這就稱為「信他」。

（三）「信因」：

深信就算散亂稱名念佛，都還能列為成佛之因，更何況一心不亂，怎麼可能得不到淨土之因？這就叫做「信因」。

（四）「信果」：

深信淨土中所有上善聚會都是由念佛三昧得生，就像種瓜得瓜、種豆得豆，也像影必隨形、響必應聲，不會有例外的，這就叫做「信果」。

（五）「信事」：

深信只今現前一念不可盡故，所以依心所現一切十方世界亦不可盡，實有極樂國土在十萬億土之外，是最極清淨莊嚴的，並不是像《莊子》虛構的寓言故事，這就稱為「信事」。

(六)「信理」：

深信極樂國土雖在十萬億土之遠，而實不出我現前一念心之外；因為，我們現前一念心性包含萬法，本來廣大周偏，實無有外。再者，深信西方極樂世界不論是國土、報身，乃至佛菩薩諸上善人，都是我們這現前這一念真心所顯現之投影；所有主客的對立，都是這個投影所產生之分別之心；事與理、真與假、修與不修、他人與自己，都是因為這個分別心而生的。由於我的心性遍滿一切法界，佛的心性也遍滿一切法界，一切眾生的心性也同樣遍滿一切法界。就像一間房子中有一千盞燈，每盞燈的燈光互相涵攝，每一盞燈的燈光，彼此重重交攝卻不相妨礙，這就叫做「信理」。

就保持這樣的「信心」下去，則娑婆世界的種種不淨，不外乎為自心之不淨；而自心不淨，理當厭離。極樂世界的清淨也就是自心的清淨；而自心之清淨，理應欣然追求。討厭不淨，須把自心捨棄到空無一物，才會真的捨離；喜歡極樂的清淨，也同樣要將自心昇華到空無一物，才是真的淨土。

再者，所謂「願」，是於一切時中，厭離娑婆世界的生死之苦、欣慕極樂世界的清淨之樂，並將所有的一切善根，迴向往生極樂淨土。

三者，所謂「行」，是執持阿彌陀名號，常常憶念，恆不間斷；但此「執持」名號，有「事持」與「理持」之別。所謂「事持」，是在未達「是心是佛、是心作佛」的時候，但憑堅信西方有阿彌陀佛、決心願求往生極樂淨土。所謂「理持」，則是將阿彌陀佛及其名號安置於我的心中，作為我的心繫念之境，達到「是心是佛、是心作佛」。

大師在〈持名念佛歷九品淨四土說〉中，對信、願、行的解釋是：

云何為信？一者、信阿彌陀佛願力；二者、信釋迦文佛教語；三者、信六方諸佛讚歎。

其意謂，世間的正人君子尚且不打妄語，何況阿彌陀佛、釋迦牟尼佛和六方諸佛，豈會對眾生打妄語？因此，相信諸佛的真實語。

云何為願？一切時中，厭惡娑婆生死之苦，欣慕淨土菩提之樂；隨有所作，若善、若惡，善則迴向求生，惡則懺願求生，更無二志，是名為願。

也就是說：什麼是「願」呢？一切時中，厭離娑婆生死之苦，欣慕淨土解脫之樂。隨著自己時時刻刻的所作所為，如果是善的，就迴向所作的善以求生西方；如果是惡的，就懺悔所作的惡以求生西方，更不會有第二種的想法。這個就稱為「願」。

四、信願與持名、正行與助行的關係

何謂「行」呢？大師云：

信願既具，則念佛方為正行；改惡修善，皆為助行。隨功力之淺深，以分九品、四土，纖毫不濫；只須自己簡察，不必旁問他人。謂：深信切願念佛，而念佛時，心多散亂者，即是下品下生。深信切願念佛，而念佛時，散亂漸少者，即是下品中生。深信切願念佛，而念佛時，便不散亂者，即是下品上生。念到事一心不亂，不起貪瞋癡者，即是中三品生；念到事一心不亂，任運先斷見思、塵沙，亦能伏斷無明者，即上三品生。故信願持名念佛，能歷九品，的確不謬也。

此處就念佛的心境區分其往生淨土之差異。謂吾人深信切願念佛時，若是心多散亂者，則是下品下生；若是心散亂漸少者，則是下品中生；若是心不散亂者，則是下品上生。若是念到事一心不亂，不起貪瞋癡者，則是中品三生；若是念到事一心不亂，任運先斷見思、塵沙，亦能伏斷無明者，則是上品三生。換言之，往生極樂世界的天人有九品的差別，可因各人念佛的念頭散亂或安定的程度等念佛功夫，決定品位的高低。因此，具足信願持名念佛者，將來能往生於上、中、下九品蓮花中。

至於如何持名往生，大師在〈持名念佛歷九品淨四土說〉中云：

信願持名，消伏業障，帶惑往生者，即是凡聖同居淨土；信願持名，見思斷盡而往生者，即是方便有餘淨土；信願持名，豁破一分無明而往生者，即是實報莊嚴淨土；信願持名，持到究竟之處，無明斷盡而往生者，即是常寂光淨土。故持名能淨四土，亦的確不謬也。

意謂此人信願持名念佛，若是能消伏業障，帶惑往生者，則投生在「凡聖同居淨土」；若是能見惑、思惑斷盡而往生者，則投生在「方便有餘淨土」；若是能破一分無明而往生者，則投生在「實報莊嚴淨土」；若是能無明斷盡而往生者，則投生在「常寂光淨土」。因此，具足信願持名念佛者，將來能往生在四種淨土中。

大師提出「信願稱名，即大善根、大福德，即無上菩提心」的觀點；所謂善根，就是「菩提正道名善根，即親因」。之後，又提到往生極樂世界的助道因緣，即「種種助道施（布施）、戒（持戒）、禪（禪定）等名福德，即助緣。」

大師認為，信願持名才是多善根、多福德之因以持名為正行，以六度為助行。

換言之，大師認為，若是具足信願，則持名念佛方為正行；至於改惡修善，則皆為助行。隨念佛功力的深淺，則往生九品及四土其中之一，絲毫不會紊亂。

五、持名念佛的殊勝與方法

大師認為，持名念佛一法，至簡易、至穩當、至直捷、至圓頓，能普遍加被上、中、下三種根機的眾生，八萬四千法門都不能超過其上。這句佛號，無論男女老少、貧富智愚，隨時隨地都能念佛。所謂：「清珠投於濁水，濁水不得不清；佛號投於亂心，亂心不得不佛」。因此，具有「收機最廣，下手最易」的特點。

大師提到：

阿彌陀佛是萬德洪名，以名召德，罄無不盡。故以執持名號為正行，不必更涉觀想、參究等行。

說明念佛法門是第一方便，以執持名號為正行，不必加入觀想、或參究（話頭）。只要能至誠稱念阿彌陀佛的名號，無論解與不解，念念都是成佛的正因，念念都能得到阿彌陀佛的慈悲攝受。

大師在〈示明西〉中提到：

出三界火宅有橫、豎兩途：以自力斷惑超生死者，名豎出三界，事難功漸；以佛力接引生西方者，名橫超三界，事易功頓。

大師認為，以自力斷惑超生死的行者，名為「豎出三界」，事倍功半；而依佛力加持，接引往生極樂世界的行者，名為「橫超三界」，事半功倍。末法時代億億人修行，但是罕一得道；唯有依念佛，方可以得到度脫；如乘船渡海，不費功力，得登彼岸。

大師主張，深信切願念佛，目的是為了求生西方，生西方是為了成佛，而成佛是為了救度一切眾生，就是大乘的無上菩提心。若能信願念佛，即可超越三大阿僧祇劫的修行，是為「簡易」；帶業往生，橫超三界，是為「直捷」；

一得往生，便圓證三不退（位不退、行不退、念不退），一生圓滿佛果，是為「圓頓」。這正是大師力倡信願執持名號的主要原因。

簡易、直捷、又圓頓，無怪乎蕅益大師力倡持名念佛法門。大師在《佛說阿彌陀經要解》中讚歎念佛法門，並肯定《佛說阿彌陀經》。大師認為，此經是阿伽陀藥（Agada，意為無病藥、不死藥），萬病總持，絕待圓融，不可思議。

此外，《華嚴經》及《妙法蓮華經》兩部「經中之王」，亦皆引導眾生往生阿彌陀淨土。

《華嚴經》是眾經之王，釋迦牟尼佛於本經闡述一生成佛的法門，故古德曰：「不讀華嚴，不知佛家富貴。」《華嚴經》最終歸結於〈普賢行願品〉，〈普賢行願品〉則是闡述普賢菩薩以十大願王導歸極樂。文殊菩薩是智慧第一，普賢菩薩是行願第一，他們和華藏世界的四十一位法身大士，都以阿彌陀佛的極樂世界作為究竟的歸依處。

《妙法蓮華經》簡稱《法華經》，也有「經中之王」之稱。《法華經》是大乘佛教經典，主要闡述「一佛乘」之理，弘揚「三乘歸一」，即聲聞、緣覺、菩薩三乘歸於一佛乘，明示一切眾生皆能成佛。古德云：「不入法華，不知佛恩之浩瀚。」如《法華經．藥王菩薩本事品》提到：

若有女人聞是藥王菩薩本事品能受持者，盡是女身，後不復受。若如來滅後後五百歲中，若有女人聞是經典，如說修行，於此命終，即往安樂世界，阿彌陀佛、大菩薩眾，圍繞住處，生蓮華中，寶座之上，不復為貪欲所惱，亦復不為瞋恚愚癡所惱，亦復不為憍慢嫉妬諸垢所惱，得菩薩神通、無生法忍。得是忍已，眼根清淨，以是清淨眼根，見七百萬二千億那由他恒河沙等諸佛如來。

從這段經文可以了解，如果有女人能受持《法華經．藥王菩薩本事品》，將來命終後，往生安樂世界（即極樂世界），親近阿彌陀佛及大菩薩們，獲得菩薩的各種神通及無生法忍，進而親見諸佛如來。因此，唐朝古大德認為《華嚴經》、《法華經》這兩部經都是引導眾生往生極樂世界；乃至於眾多的經論，最後都是導歸極樂淨土。

故此，大師認為，《佛說阿彌陀經》為《華嚴經》之奧藏、《法華經》之祕髓；而一切諸佛之心要、菩薩萬行之司南，都不出此經。

六、持名念佛即是最上乘的定慧法門

大師在〈重刻寶王三昧念佛直指〉序文中提到，「念佛三昧」所以名之為眾寶之王者，就猶如摩尼珠，普遍雨落一切諸三昧之眾寶；亦如同轉輪聖王，普遍統攝一切諸三昧王，因其乃實為至圓至頓之法門也。始自世尊最初說法的華嚴會上，終至最後的《法華》妙經，釋迦世尊的一代時教，無不稱讚宣揚此寶王三昧。始自文殊、普賢菩薩，乃至於永明、楚石禪師，一切的菩薩聖者、諸宗祖師，無不修行而弘通此寶王三昧也。

而世間的迷昧之人，猶自以為自性彌陀，非即是極樂蓮邦之教主。唯心淨土，不在於十萬億佛土外之西方世界；虛妄認定六塵緣影之攀緣心為自心之相，全然不知十方一切的法界，一一無非即是本心之自性也。如是可不令人哀傷哉？

大師在〈示念佛三昧〉中提到，念佛的三昧又叫做「寶王三昧」，是所有三昧法門中之王；凡偏、圓、權、實等各種三昧，沒有不從這種三昧流出，也沒有不會歸此這種三昧之門；也滿足佛陀各時期說法的要旨，也是令三種根器的人普遍受益的權巧方便。眾生心性，本來就只有這一念心。

換言之，大師基於「心佛眾生，三無差別」的理念，主張一切佛法，無不歸於念佛三昧。而眾生的這一念心，具真如、生滅二門；隨應諸內外緣生滅而觀自性不變的修習的法，名真如門；立於不變自性而觀諸緣生滅修習的法，名生滅門。雖說二門，實則一體。因此，種種三昧，皆由此一心的真如門流出；一切的眾生，也必由此一心的生滅門而還歸。

大師又引經據典及引用祖師大德的話闡述：《大集經》云：「若人但念彌

陀佛，是名無上深妙禪。」《無量壽經》云：「阿彌陀佛，光中極尊，佛中之王。」天台宗智者大師說過：「四種三昧，同名念佛；念佛三昧，三昧中王。」蓮池大師也說：「一句彌陀，該羅八教，圓攝五宗，只貴信得及，守得穩，直下念去，誓無改變，決定得生。一得往生，永無退轉，種種法門，咸得現前。」這些經證及祖師之語說明了，一句阿彌陀佛，涵蓋五宗八教一切的佛法於其中；只要深信力行，老實念佛，就是無上深妙禪。

關於念佛的要點，大師在〈示念佛法門〉中提到：「念佛法門，別無奇特，只要深信力行為要耳。」說明念佛貴在信得夠深，持之以恆地穩當直下念去，或者一晝夜十萬遍，或者五萬，三萬，總是以不缺為準；用此一生，發誓不要中斷。若不得往生者，三世諸佛就是說謊了。只要得以往生極樂世界，就永遠不會退轉；種種法門，全都不學而能通達。

總之，無論老少智愚貧富，都要深信切願來念佛，定好每日念佛的數量作為功課，若三萬、五萬、七萬；在念佛的時候，用數珠記好數字，莫論散心、定心，這樣盡形壽念佛，以決定不缺為準；如此而不得往生者，三世諸佛便是欺誑語。

修行最忌諱的就是法門換來換去——遇到學教的人，就思尋佛經摘解的句子；遇禪宗門的人，又開始想著參禪與公案問答；遇持律人，又想著搭起戒衣、托缽；這就是頭頭不了，悵悵不清。豈知念得阿彌陀佛熟，三藏十二部最了不起的教理，都在裡面；一千七百則公案，參究本來面目的祕訣，亦在裡面；所有威儀、細行、淨戒都在裡面。

大師亦稱念佛即備六度：真能念佛，放下身心世界，就是大布施；真能念佛，不復起貪瞋癡，就是大持戒；真能念佛，不計是非人我，就是大忍辱；真能念佛，不稍間斷夾雜，就是大精進；真能念佛，不復妄想馳逐，就是大禪定；真能念佛，不為外境所惑，就是大智慧。

可以試著自我檢查：若身心世界還沒放下，貪瞋癡的念頭還是會現起，人我是非還是會掛懷在心頭上，間斷夾雜還沒除盡，妄想馳逐還是沒有根除，種種其他的境界還是會迷惑自己的信念，就不是真念佛了。

要到一心不亂境界，也沒有其他方法，最初下手，須用數珠，每一次念佛都計數分明；固定時刻定好課程，絕對不要漏缺；久而久之純熟，不念佛的時候也能自念，然後記數也好，不記也可以。若一開始學佛的人，就要他看話頭，要不著相，要學圓融自在，總到最後也信不深，作起來也不得力。就算你教理講得天花亂墜，禪宗一千七百公案都能對答機鋒，都是生死邊緣的事，臨命終時，絕對派不上用場的。

大師引述永明延壽大師的「有禪無淨土，十人九蹉路；陰境若現前，瞥爾隨他去」，說明凡夫在穢土靠自力修行很難成辦；因為，受到業力的牽引，即便是悟性很強的人，倘若絲毫的習氣未除，也難免會隨著習氣而墮落。其次，大師又舉出「初果昧於出胎，菩薩昏於隔陰」為例主張，聖人靠自力解脫成佛尚且很困難，凡夫就更不用說了。

因此，大師明確指出，凡夫唯有信願持名，才能仰仗阿彌陀佛的悲願往生極樂世界；一旦往生極樂世界後，如永明延壽大師所說的「但得見彌陀，何愁不開悟？」是故，信願持名是極其簡易和穩當的方法，得以往生極樂世界，乃至成佛。

七、大師的淨土思想總結及影響

綜上可知，大師認為，律宗、教理、禪宗以及密宗等四宗，都成為淨土宗的真正因；而四種淨土，則是律宗等四宗真正的成果。而且明確指出，念佛一法，圓超律宗、教理、禪宗以及密宗，是一代時教的指歸；淨土法門是三根普被、絕待圓融、不可思議、圓收圓超一切的法門。

大師的淨土思想中，特別強調以信願行為核心的修持；大師的淨土著述中，也是以信願行貫穿始終。大師如此強調信願行，主要彰顯念佛法門實在是極難信之法，其義理之深奧，唯佛與佛乃能究盡。

大師主張三學一源，念佛三昧除了禪、教二門以外，尚應以持守清淨的戒律，圓滿念佛三昧的純熟。因為「若欲淨土，當淨其心」，欲淨其心，必先防非止惡，故以持戒為念佛之因行，淨土乃是念佛之結果。因此，在念佛三昧的理論上，也圓通大師「三學一源」的思想體系。持戒、念佛，本是一門；淨戒為因，淨土為果。

民國初年的印光大師非常贊同大師的觀點。印祖認為大師提出之：「得生與否，全由信願之有無，品位高下，全由持名之深淺。」此乃千佛出世不易之鐵案也。印祖又說：

若論念佛法門，唯以信願行三法為其宗要。三法具足，決定往生；若無真信切願，縱有真行，亦不能生，況悠悠泛泛者哉！蕅益大師所謂「得生與否，全由信願之有無；品位高下，全由持名之深淺」，乃三世不易之常談，三根普被之妙道也，宜通身靠倒，庶親證實益耳。

略而言之，往生極樂世界的三資糧——信、願、行，至今仍為淨土宗的弟子所遵行。

大師對往生西方極樂世界的觀點，文字雖長但字字珠璣，消除了不少淨土修行者的疑惑。如上所述，信與願才是最重要的，所謂「信願既具，則念佛方為正行，改惡修善皆為助行。」也就是說，如果不具信願，即使念佛真能一心不亂，也必不能往生西方；「縱將名號持至風吹不入、雨打不濕，如銅牆鐵壁相似，亦無得生之理。」就是這個意思。

有了信願，持名念佛才成為往生西方與否的「正行」。而「正行」的影響是什麼呢？大師認為：「信願持名，一經要旨，信願為慧行，持名為行行。得生與否，全由信願之有無；品位高下，全由持名之深淺。」至於改惡修善、五戒十善，則為往生西方的助行，而非是往生西方的主要條件。

其次，「正行」的持名念佛貴在「老實念佛」——「不必更涉觀想、參究等行」。大師認為，「持名念佛」是「至簡易、至穩當」的法門。因此，諸如一邊念佛、一邊觀想佛的相好莊嚴，或觀想摩頂灌頂，或大悲水洗滌身心，或觀想卍字在眉心放光，或提疑情「念佛是誰」、邊念邊參等方法，對本來簡單的持名念佛來說無異是複雜化了，大師也就給了一個直接乾脆的答案——「不必」。

至於念佛的竅門與方法是什麼呢？是否一定要念到「二六時中，打成一片，不念而念」呢？或者一定要加念往生咒或是《阿彌陀經》呢？還是說最好能聞到異香、見到光明、親見或是夢到佛菩薩方得相應呢？大師給我們的答案還是不脫離平淡老實——

祇貴信得及，守得穩，直下念去，或晝夜十萬，或五萬、三萬，以決定不缺為準。畢此一生，誓無變改。若不得往生者，三世諸佛便為誑語。

莫論散心、定心，這樣盡形壽念佛。

信得決，願得切，雖散心念佛，亦必往生。

大師的答案可說很簡單，但要貫徹也並不容易，就是「每日持之以恒，不管他散心定心，每日給自己一個固定功課的數量，穩穩守著，畢此一生，一直念下去。」就這樣別無奇特的方法，加以信願具足為前提，倘若不得往生，三世諸佛就等於說了妄語。

所以，不論念佛是否得力或散亂，不論平時是否持守五戒十善，這些都是助緣；而「時時保持信願，老實持名念佛」，這就是淨土宗的「易行道」。凡夫心猿意馬，不肯老老實實，反而把念佛複雜化，不能不說是辜負了阿彌陀佛的悲願。

大師告訴我們：即使臨命終時昏沉散亂、痛苦不堪，只能提起一念的佛號，只要平時信願具足，薰習日久，仍然可以決定生西。這是持名念佛法門的最重要關鍵。

總之，大師的淨土思想，不僅涵蓋其他淨土宗歷代祖師的理論精華，而且闡述大師的獨特見解以及實修經驗。尤其是《佛說阿彌陀經要解》，清楚闡釋《佛說阿彌陀經》的要義，說明往生西方淨土的主要條件和從屬條件；後代淨土宗行者將此書奉為圭臬，有關淨土法門的論著也無人能出其右。

由於大師的淨土思想及念佛理論廣大精深、契理契機，足以作為末世眾生出離生死苦海的津梁，並融合了律教禪密淨一體的思想。因此，大師被後世佛弟子尊為淨土宗第九代祖師。

畢其一生，歸於淨土

此外，大師也認同「三教同源」的觀點。關於「三教同源」的思想，在本書的第二章已經介紹過，不再贅述。

回顧大師一生的修行，並非一帆風順，而且多次面臨生死交關。但是，不管環境如何惡劣、食物如何匱乏、身體如何孱弱，終不能撼動大師為佛教、為眾生的初衷。

大師的修行，不是固步自封，而是依據當時社會及佛門的弊病，找出改善方針，並躬身力行，致力改革，力挽狂瀾。

值得一提的是，大師後來主張「抑禪揚淨」。

為何要「抑禪」？並非禪宗的法門不可取。參禪曾是大師年輕時代最主要的修行法門，他二十五歲時於徑山閉關時就有過開悟的體驗，大師的論著中亦充滿禪觀的思想。以下有一則禪者與大師的問答，可以看出大師的深藏不露

——

有位禪者曾問大師：作何功夫？

大師回答：念佛。

禪者又問：念佛為何？

大師又答：求生西方。

禪者嗤言：何不薦取「自性彌陀、唯心淨土」，用是妄念妄求為？

大師再答：

汝謂阿彌陀佛在性外，極樂國土在心外耶？心性亦太局隘矣。即汝所謂不念不求者，非惡取空耶？

大師當下的機鋒轉語，令禪者啞口無言，正與唐宋時期大禪師的「一棒打殺」無異。

當時有些行者，偏尚玄理，一涉淨土，便將「西方淨土、無量光壽」等，一一消歸自心，好言「唯心淨土、自性彌陀」，而其言「自心」又只是徒執其名，未證其實。如此執理廢事，弄巧成拙，求升反墮，自失誤他，為害非淺。大師深斥其弊，力辨其非，云：

本具性德，蠢動皆爾，非關修證，殊未稀奇。而昧者一迷緣影為心，決定惑為色身之內。不知色身，外自山河、虛空大地，咸是妙明真心中所現物。是故西方極樂世界，即唯心淨土；現在樂邦教主，即自性彌陀。

大師欲補偏救弊，以事扶理，彰事理無二之旨，曾作「淨土唯心偈」云：

西方即是唯心土，得見彌陀始悟心；寸土不存非斷滅，堂堂相好寂光身。
西方即是唯心土，欲悟唯心但念西；舌相廣長專為此，更求玄妙抑何癡？
西方即是唯心土，擬撥西方理便乖；極樂一塵同剎海，假饒天眼未知涯。
西方即是唯心土，土淨方知心體空；一切境風猶掛念，云何妄說任西東？
西方即是唯心土，白藕池開不用栽；一念頓教歸佛海，何勞少室與天台？

大師雖學貫群經，宗教具通，因知淨土快速直捷、廣大簡易，圓收一切法門；高超一切禪教律，統攝一切禪教律；知一聲阿彌陀佛，即是一切諸佛之心要，菩薩萬行之司南。是故不參禪、不學教、不談玄、不說妙，盡捨一生修學，而專持名號。

而所謂「抑禪」，便是針對當時的禪病為「正坐無知無解」，也就是不懂佛法（輕忽教理及戒律）而只是枯坐，便自以為是參禪；如此枯坐一生，也不可能悟道。對於這些虛有其表相、乍現威儀的參禪者，大師毫不客氣喝斥、貶抑。至於「揚淨」，在本章前面的淨土思想已予以說明。

總之，大師一生的行誼，勤苦修學佛法，並廣為弘揚教法，實是後世的行者的典範；其博大精湛的佛學思想，對後輩的佛弟子，也是深具影響力。

大師是集佛學之大成者，不僅通達佛教各宗派思想，而且融會貫通，不辭辛勞地勤奮著述，對佛法的振興與貢獻卓著，被後人尊為晚明佛教的復興者、明末四大高僧之一、中國淨土宗第九代祖師以及天台宗第三十一代祖師。

最後，引用大師在《靈峰宗論》〈山居百八偈〉中的兩首偈頌來表達大師的心志，以及〈自像贊〉中的一首偈頌與修習佛法者共勉。

大師於〈山居百八偈〉中云：

日輪挽作鏡，海水挹作盆；照我忠義膽，浴我法臣魂。

九死心不悔，塵劫願猶存；為檄虛空界，何人共此輪？

意謂大師：願以太陽為鏡，照耀我忠義的肝膽；以海水為盆，洗滌我佛弟子的靈魂。就算輪迴了無數次，我的心仍然無怨無悔；即使經歷了無止境的時光，我也仍願存著這樣的心願——想號召盡虛空的所有眾生，能否與我共承這般的太陽與海潮？

令人欣慰的是，除了大師當時身邊貼身弟子外，近代的印光大師、圓瑛老和尚、弘一大師、太虛大師、寶靜和尚、道源老和尚、夢參老和尚、聖嚴老和尚、淨空老和尚、大安法師、淨界法師等高僧大德，都可說是大師的後繼者。

大師於〈自像贊〉自謙地說道：

注盡十二部經，不曾增減一字；講盡八萬律儀，不曾行得一事。
釋迦如來喚作不肖醜兒，彌勒世尊訶為癡頑傲弟；
獨有阿彌陀佛藏垢納汙，金手接向下品蓮花安置。

由此可以看出，博覽佛法經論與義理的大通家、具有教證功德的蕅益大師，畢其一生的最終歸宿乃是西方極樂世界。這一點頗值得我們佛弟子以為借鏡。

附錄

蕅益大師年譜

依據大師五十四歲的自傳《八不道人傳》、成時法師編輯的《靈峰宗論》及弘一大師所撰寫〈蕅益大師年譜〉等編輯而成。

歲數—西元—帝號及年號

一歲　一五九九　明神宗萬曆二十七年

五月三日，大師誕生。

七歲　一六〇五

大師開始吃素，夢見觀世音菩薩，並與觀世音菩薩感應道交。

十二歲　一六一〇

大師在啓蒙老師處學習聖賢書，便以承續千古聖學為己任，拘泥於程朱學派的思想。寫了幾十篇闢佛論，立誓消滅佛道（釋老）。

十七歲

一六一五

大師看到蓮池大師的《自知錄》及《竹窗隨筆》，對「三教同源」的觀念，有初步的認識與認同；發現自己的想法不正確，把以前寫的幾十篇誹謗佛法的文章全部燒掉。

二十歲

一六一八

大師開始註解《論語》。不斷地推敲琢磨「天下歸仁」的真意。三天後，突然領悟到「孔學心地」的法門。

二十歲

一六一八

大師的父親生病，禮拜《藥師經》為求父親得以延壽。

同年冬天，十一月五日大師喪父，恭誦《地藏菩薩本願經》為父親超薦。

大師看到地藏菩薩的本願，萌生出家的念頭。

二十一歲

一六一九

大師害怕失去慈母，在佛前至誠祈求：希望縮減自己的壽命，以及削薄自己的功名，用來延長母親的壽量。

大師結壇水齋持大悲咒，內心懷著喪父的哀痛，以及希望延長慈母的壽量，虔誠寫出慈悲懺文。

這年，大師再次茹素（戒葷酒）。

二十二歲

一六二〇

大師開始一心念佛，並將以前十年寒窗苦讀，所寫下兩千多篇的文稿，付之一炬。

二十三歲

一六二一　明熹宗天啓元年

大師聽到《大佛頂首楞嚴經》中「世界在空，空生大覺」，產生疑惑，並百思不得其解。為了消除這樣的疑惑，決意出家。

七月三十日，大師為了能夠圓滿順利出家，在佛前發四十八願。

二十四歲

一六二二

在一個月內，大師三度夢見七十七歲的憨山大師。

六月，大師禮請憨山大師的弟子雪嶺法師剃度，出家為僧，法名為「智旭」。

大師在雲棲寺聆聽古德法師講解《唯識論》，覺得性相二宗，似乎互相矛盾。

大師到徑山寺參禪，只求早日悟聖道——恢復我本來面目。

大師在新伊法主座前受沙彌戒。

二十五歲

一六二三

大師再度前往徑山參禪，那年夏天坐禪的悟境，當用功得力時，身心世界忽然消失不見，深刻體悟到這個身體，從無始以來，就是依著因緣而生滅，而非自性實有，了悟身體確實不是父母所生的實有物。

大師對性相二宗，融會貫通，深切體悟到性相二宗本來就有矛盾。

同年，十二月八日，大師禮請古德法師為阿闍梨，在蓮池大師靈塔法像前，自受比丘戒。

二十六歲

一六二四

大師在佛前燃臂香、刺舌血，將自己出家的緣由寫在血書中。大師期望母親能體諒其出家的心志，並請母親寬心念佛，以期脫離生死苦海。

十二月二十一日，大師在杭州雲棲寺蓮池大師靈塔法像前，求受菩薩戒。

二十七歲

一六二五

春天，大師在古吳第一次閱讀律藏，結錄《出事義要略》一書。

大師寫信給剃度師（即〈寄剃度雪嶺師〉），信中痛陳今世有三可痛哭、三可哀愍。

二十七、八歲　一六二五、一六二六

因為法友請益，大師宣説《楞嚴經》要義兩遍。

二十八歲　一六二六

大師聽到母親病重，返家探望。大師效法前人割下股肉入藥，希望能治好母親的病，但割了四次股肉仍未能挽救母親。

同年，大師安葬母親後，便與法友一起到松陵寺閉關。在閉關中大師生重病，大師改變一味「坐禪參究」的修行模式，走向「禪淨雙修」的階段。

三十歲　一六二八　明思宗崇禎元年

春天，大師出關後，恭敬地燃臂香七炷，供十方三寶，誠摯地為亡母發願回向。

大師前往浙江省定海縣的普陀山朝禮觀音菩薩。

雪航法師請大師到龍居的聖壽寺開示律學。

夏天，大師第二次閱讀一遍律藏，並宣講律學。

大師完成《毘尼事義集要》四本及《梵室偶談》。

大師與雪航法師、歸一法師和何啓圖（惺谷法師）等人約定結交為盟友，共同為復興戒律而努力。

大師撰寫〈刺血書經願文〉，刺舌血書大乘經律，為父母追善供養並回向。
大師撰寫〈書佛名經迴向文〉，將書寫佛名的功德回向給四恩三有。

三十一歲

一六二九

大師為雪航法師講解四分律比丘戒本，並刺血書寫願文。
春天，大師和歸一法師一起送啓圖到博山，禮請無異禪師為剃度和尚；啓圖正式出家，法號惺谷。
在博山，大師巧遇璧如法師，彼此志同道合，結交成為盟友。
大師隨無異禪師到金陵，看到當時禪宗很多的弊端，因而決意弘揚戒律和經教。
大師撰寫〈持咒先白文〉後，恭敬持誦地藏菩薩滅定業真言一百萬遍；觀音靈感、七佛滅罪、藥師灌頂、往生咒各十萬遍。
大師結壇恭敬持誦大悲咒十萬遍。
大師撰寫〈為母三周求拔濟啓〉。
大師又撰寫〈為母發願回向文〉，願母罪盡清淨、願代母受十惡報，普願十法界皆解脱。
冬天，大師與歸一法師在龍居萬聖寺冬安居。
大師第三次閲讀律藏，並結錄成六冊，共計十八卷。

大師撰寫〈禮大報恩塔偈〉、〈持準提咒願文〉、〈禮大悲銅殿偈〉、〈起咒文〉及〈除夕白三寶文〉。

同年，大師撰寫〈尚友錄序〉，自述與雪航法師、歸一法師和惺谷法師之間的友誼關係。

三十二歲

一六三〇

大師在龍居萬聖寺生病。惺谷法師與如是法師在金陵，大師燃臂香、刺舌血，寫信給惺谷法師，催促惺谷法師快點回來萬聖寺，以便安排惺谷法師依照古制，如法受沙彌戒和比丘戒。

三月底，惺谷法師與如是法師從金陵回到龍居萬聖寺。大師安排惺谷法師禮請季賢法師為和尚、新伊法主為羯磨闍梨、覺源法主為教授闍梨，如法求受沙彌戒和比丘戒。

春天，歸一法師為大師所編撰的《毘尼事義集要》寫了跋文。

大師撰寫了〈閱律禮懺總別二疏〉、〈安居論律告文〉、〈為母四周願文〉及〈為父十二周求薦拔啓〉。

結夏安居時，大師為惺谷法師、如是法師、雪航法師等法友詳細解説《毘尼事義集要》，並增添初、後二集，共成八冊。

大師想要註解《梵網經》，作四鬮問佛，占鬮多次都是用天台教理方式註解《梵網經》。於是，大師專心研究天台教理。

大師作了〈結壇水齋持大悲咒願文〉及〈為父迴向文〉。

三十三歲

一六三一

大師在皋亭古永慶寺撰寫《毘尼事義集要》的序文。同年，在皋亭的佛日寺刻印成書。

大師作了〈楞嚴壇起咒及回向二偈〉。

大師和新伊法主一同在武林的蓮居庵禮大悲懺。

八月，驚聞惺谷法師病重，大師割股肉和藥，希望能治好惺谷法師的病。不料，惺谷法師仍不治，在佛日寺圓寂。

同年九月，璧如法師在武林圓寂。

大師撰寫了《惺谷、璧如二友合傳》，內心非常地悲慟失去摯友。

大師到北天目靈峰山的靈岩寺之百福院過冬。當時靈岩寺沒有大藏經，大師力倡請大藏經。

大師在靈岩寺講《毘尼事義集要》七卷，有十多位僧人聽法，但只有徹因法師躬身力行。

溫陵的徐雨海居士向大師提起《占察善惡業報經》，大師立刻派人專程前往杭州的雲棲寺請得此妙典。

大師特別撰寫〈讀持回向〉一文。之後，大師用心研讀受持《占察經》。

三十四歲

一六三二

大師在靈峰山結夏安居，大師為自觀法師秉羯磨，傳授具足戒。

大師撰寫〈龍居禮大悲懺文〉、〈禮大悲懺願文〉。

三十五歲

一六三三

大師為靈峰山倡請的大藏經送來。

大師前往金庭山的西湖寺結夏安居，撰寫〈西湖寺安居疏〉。

在西湖寺未久，結拜盟友歸一法師就背盟離去，對大師復興戒律的熱忱，受到很大的衝擊。

安居期間，大師詳細講解《毘尼事義集要》一遍，共有九位僧人聽法，但真正用心的只有徹因、自觀及幻緣等三位法師。

四月十六日，大師撰寫〈前安居日供鬮文〉，準備結夏安居。大師作了八個鬮，虔誠向三寶啓白卜問。作完八個鬮後，並燃香十炷。整個夏安居持咒加被。

七月十五日自恣日，大師燃頂香六炷，並撰寫〈自恣日拈鬮文〉。虔誠占鬮，結果占得菩薩沙彌鬮（即第六鬮）。於是，大師捨棄比丘戒，而退位為菩薩沙彌。

大師又撰寫〈禮淨土懺文〉兩首。

冬天，大師親自製定《占察善惡業報經行法》，方便後人拜占察懺法，並講解《占察善惡業報經行法》。

三十五至三十六歲　一六三三至一六三四

大師又生重病。此時，只有徹因法師盡心照顧大師的生活起居。

三十六歲　一六三四

大師前往吳門的幻住庵。大師又講解一遍《毘尼事義集要》。

大師撰寫〈禮金光明懺文〉，每天講解《補助懺儀》一卷，並行懺法一壇，於圓滿日，燃香二十一炷。

三十七歲　一六三五

大師在祥符寺遇到影渠法師和道山法師，大師與兩位法師結為莫逆。這年冬天，大師病得很重，兩位法師盡心調治，病情才逐漸好轉。

大師撰寫和講解〈金光明懺告文〉。

夏初，大師掛單於武水智月庵，並講述《占察經》。

大師完成《述戒消災略釋》、《持戒犍度略釋》和《盂蘭盆新疏》等著作。

三十八歲　一六三六

大師編輯《淨信堂初集》。

同年三月間，大師到九華山，朝禮地藏菩薩塔。

大師做四個鬮，向地藏菩薩祈願、占鬮，結果占到「閱藏著述」的鬮。大師的餘生，便以「閱藏著述」成為主要的修行法門。

大師研讀大藏經千餘卷。

大師撰寫〈九華地藏塔前願文〉。

大師撰寫〈亡母十周願文〉，祈願母親得生淨土。

三十九歲　一六三七

大師繼續撰寫《梵網合註》。

如是法師請大師講解《梵網經》。大師精勤地宣講《梵網經》，並且隨筆記錄下來，結集成《梵網經玄義》一卷及《梵網合註》七卷。

大師撰寫〈梵網告文〉，願此幻身定生極樂。

《梵網合註》初刊之板，存放在金陵古林庵。

大師結壇持誦地藏菩薩滅定業咒，行占察懺法，並檢討自身的過失。於圓滿日燃香發願回向，並撰寫〈滅定業咒壇一百十日圓滿燃香懺願文〉。

自觀法師向大師請教有關《梵網經》和《楞嚴經》的要義；大師見自觀法師慧

解不足，特別作了〈壇中十問拶之〉。

四十歲

一六三八

大師離開九華山，前往安徽的新安，結夏安居。安居期間，大師再次清楚地闡述《楞嚴經》的妙義。

同年，大師編輯《絕餘篇》，撰寫〈陳罪求哀疏〉。

秋天，大師應如是法師之邀，一起前往福建的溫陵開元寺。

四十一歲

一六三九

如是法師和一切法友極力請求大師為《楞嚴經》作註解。大師在小開元寺撰述《楞嚴經玄文》，清楚地闡述《楞嚴經》的妙義。

《楞嚴經玄義》刊刻成書，刻板收藏於大開元寺的甘露戒壇。

如是法師圓寂。大師為其助念，並撰寫〈誦帚師往生傳〉。之後，大師又撰寫〈為如是師六七禮懺疏〉，以及〈輓如是師詩〉，緬懷這位老實修行的法友。

四十二歲

一六四〇

大師在漳洲撰寫了《金剛破空論》。

大師撰寫《妙法蓮華經玄義節要》及《法華綸貫》。

大師在溫陵為《華嚴經》、《楞嚴經》、《法華經》等三經作了《蕅益三頌》。
大師撰寫《齋經科註》，闡述持齋的功德。

四十三歲

一六四一
大師在溫陵的月臺冬安居。
大師開始撰寫《周易禪解》，以接引一些儒家的學者入佛門。
大師供養泉州大開元寺《梵網經》六部。

四十四歲

一六四二
大師自輯《閩遊集》，自述近四年於溫陵霞漳之生活。
大師從溫陵返回湖州並撰述《大乘止觀釋要》。
靈峰山的大藏經完成裝訂成冊。
大師撰寫《影渠道山二師合傳》，紀念這兩位法友。
大師撰寫〈鐵佛寺禮懺文〉，燃香五炷，供養法界三寶，發五種願。

四十五歲

一六四三
大師回到靈峰山結夏安居。
這年歲末結制，大約研閱大藏經一千多卷。

四十六歲

一六四四　明思宗崇禎十七年／清世祖順治元年

大師著作《四十二章經》、《遺教經》、《八大人覺經》等註疏。

大師雖精勤行懺，不得清淨輪相，煩惱習氣現起，決定退位為三歸依人。

七月三十日，大師撰寫〈禮慈悲道場懺法願文〉，願帝主、王臣、三世父母及一切眾生等，同成妙種。

大師撰寫〈佛菩薩上座懺願文〉。

四十七歲

一六四五

獲得比丘戒清淨輪相。

夏天，大師完成《周易禪解》的撰著。

大師撰寫〈大悲行法道場願文〉，敬燃頂香六炷，供十方法界佛法僧寶。

秋天，大師去了祖堂及石城，在石城的萬壽庵研閱大藏經，共二千多卷。

紫竹林顓愚大師派了七位弟子前來萬壽庵向大師學習經論。

四十八歲

一六四六

大師在石城掛單時，認識妙圓尊者，同住濟生庵。

同年，妙圓尊者寂然坐逝。大師撰寫《妙圓尊者往生傳》，悼念妙圓尊者。

大師撰寫〈占察行法願文〉。

大師應大眾請求為巔愚大師撰寫誌銘，大師作了〈紫竹林巔愚大師爪髮衣鉢塔誌銘〉，紀念這位高僧的德行。

四十九歲

一六四七

大師撰述《唯識心要》，對《成唯識論》的深刻詮釋。

大師完成《相宗八要直解》，是對《相宗八要》的註釋。

大師著述《佛說阿彌陀經要解》，是對《阿彌陀經》的註釋。

大師完成《四書蕅益解》，是對《論語》、《孟子》、《中庸》和《大學》的註釋。

冬天，大師掛單於祖堂幽棲寺，自輯《淨居堂》續集。

五十歲

一六四八

成時法師來親近大師。

冬天，大師自輯《西有寱餘》。

五十一歲

一六四九

十二月，大師撰寫《法華會義》，是對《法華經》的註釋。

五十二歲

一六五〇

大師在北天目靈峰山結夏，全心研究毘尼。大師認為，末世的眾生想要得到清淨的戒體，只有依賴占察輪相占得清淨相。

六月，大師完成撰述《占察善惡業報經疏》。

夏天在靈峰山安居時，有十幾位有心學習戒律，請大師重講。

六月二十一日，大師撰寫《重治毘尼事義集要》的序文。

八月初八日，大師撰寫《重治毘尼事義集要》的跋文。

大師完成《重治毘尼事義集要》後，寫信給寶華山的見月律主。

冬天，大師又回祖堂山的幽棲寺。

五十三歲

一六五一

長干春季大雨，造成民不聊生。夏天，大師在長干結夏安居。

九月，大師回到闊別十多年的西湖寺。

冬天，大師返回靈峰山，並重新修訂〈選佛圖〉，又稱為〈十法界圖〉。

五十四歲

一六五二

大師在晟谿結夏安居，並著手草擬《楞伽義疏》，對《楞伽經》的註釋。

八月間，大師遷到長水南郊的冷香堂，原本打算在這裡完成《楞伽義疏》。

秋天，大師編輯《續西有寱餘》。
冬天，大師在長水營泉寺掛單。
大師撰述自傳，名為《八不道人傳》。
大師住在長水，並閱讀《大藏經》千卷。

五十五歲

一六五三
大師增刪《八不道人傳》。
四月間，大師前往新安，並在歙浦天馬院結後安居。
五月，大師在歙浦迴龍精舍著作了《選佛譜》，共六卷。
大師閱讀《宗鏡錄》，並刪改前人所收集的雜說、引用經論的錯謬以及歷來抄寫刻印流傳的錯誤。審閱完後，又作了「校定《宗鏡錄》」的跋文四則。
八月，大師雲遊黃山和白嶽等地方。
冬天，大師在天馬鎮結冬安居，並撰寫《起信論裂網疏》。
在歙浦棲雲院講解《彌陀要解》，解釋經義並分科，由性旦法師節錄內容。

五十六歲

一六五四
大師應豐南仁義院的禮請，前去說法。開示後，大師離開新安。
二月間，大師重回到靈峰山，自己編輯《幻住雜編》。

到了夏天，大師雖然臥病，仍撰寫〈西齋淨土詩〉。製作禮贊文，補入《淨土九要》中，名為《淨土十要》。

七月，大師著述《儒釋宗傳竊議》。

八月間，大師繼續研讀完大藏經。

九月間，大師完成了《閱藏知津》、《法海觀瀾》二書，並撰述〈閱藏畢願文〉。

十月，大師又生病，病中寫了兩首〈獨坐書懷〉。

十一月十八日，大師寫了〈病中口號偈〉。

十二月初三，寫了一首〈病間偶成〉。

大師口授遺囑，立了四個誓願。大師囑咐身後事，火化之後，將骨灰磨成粉並和麵粉，分成兩分，一分布施給鳥獸，一分布施給魚類，與眾生普結法緣，同生西方極樂世界。

五十七歲

一六五五　清世祖順治十二年

大師在元旦作了兩首偈頌。正月二十日，大師病又復發。

二十二日早上，大師病似痊癒。中午，大師趺坐在繩床上，手舉起來向西邊，端坐圓寂。世壽五十七歲，法臘三十四歲。

參考資料

經典：

《大正新修大藏經》（簡稱：大正藏），新文豐出版。
曹魏．康僧鎧譯，《佛說無量壽經》《大正藏》第十二冊。
東晉．佛陀跋陀羅譯，《佛說觀佛三昧海經》《大正藏》第十五冊。
東晉．瞿曇僧伽提婆譯，《增壹阿含經》《大正藏》第二冊。
後秦．鳩摩羅什譯，《佛說阿彌陀經》《大正藏》第十二冊。
後秦．鳩摩羅什譯，《摩訶般若波羅蜜經》《大正藏》第八冊。
後秦．鳩摩羅什譯，《坐禪三昧經》《大正藏》第十五冊。
姚秦．佛陀耶舍共竺佛念譯，《長阿含經》《大正藏》第一冊。
劉宋．求那跋陀羅譯，《雜阿含經》《大正藏》第二冊。
劉宋．畺良耶舍譯，《觀無量壽佛經》《大正藏》第十二冊。
後漢．支婁迦讖譯，《佛說般舟三昧經》《大正藏》第十三冊。
唐．玄奘譯，《稱讚淨土佛攝受經》《大正藏》第十二冊。
唐．善導集記，《觀無量壽佛經疏》《大正藏》第三十七冊。

唐・般剌蜜諦譯，《大佛頂如來密因修證了義諸菩薩萬行首楞嚴經》《大正藏》第十九冊。
明・蕅益智旭解，《阿彌陀經要解》《大正藏》第三十七冊。

專書：

蕅益大師著，《靈峰宗論》，佛陀教育基金會。
蕅益大師著，《阿彌陀經要解》，佛陀教育基金會。
圓瑛法師講述，《阿彌陀經要解講義》，佛陀教育基金會。
釋印光，《印光大師全集》，佛教書局。
寶靜法師講述，《阿彌陀經要解親聞記》，佛陀教育基金會。
印順導師，《淨土學論集》，正聞出版社。
印順導師，《華雨集》，正聞出版社。
道源長老講述，《阿彌陀經要解講記》，佛陀教育基金會。
釋聖嚴，《念佛生淨土》法鼓文化事業。
釋聖嚴，《聖嚴法師教淨土法門》，法鼓文化出版社。
聖嚴法師著，釋會靖譯，《明末中國佛教之研究》，法鼓文化。
慧淨、淨宗法師編訂，《淨土宗聖教集》，佛陀教育基金會。

慧淨、淨宗法師編述，《善導大師全集》，佛陀教育基金會。
周曉薇著，《蕅益大師傳》，佛光文化事業有限公司。
林淑玟著，《老實念佛人——蕅益大師》，法鼓文化。
黃公元主編，《靈峰蕅益大師研究》，宗教文化出版社。
蓮池大師著，《竹窗隨筆》，佛陀教育基金會。
頂果欽哲法王著，劉婉俐譯，《證悟者的心要寶藏》，橡樹林出版社。

期刊：

釋見曄，〈以蕅益智旭爲例探究晚明佛教之「復興」內涵〉，中華佛學研究第三期，頁二〇七至二五〇，一九九九年。
聖嚴法師，〈蕅益大師的淨土思想〉，現代佛教學術叢刊第六十五期，頁三三一至三四二，一九八〇年。

網路資料：

弘一大師撰，〈蕅益大師年譜〉，http://www.baus-ebs.org/sutra/fan-read/010/000/000-1.htm
無量光明佛教網，https://read01.com/7DkDKB.html
香光莊嚴雜誌，http://www.gaya.org.tw/magazine/v1/issue.asp?article=91.96.9.20$03.htm

其他：

CBETA 電子佛典，二〇一四年。

慈怡主編，《佛光大辭典》，佛光文化事業有限公司。

維基百科

百度百科

國家圖書館出版品預行編目(CIP)資料

蕅益智旭：地藏之孤臣／釋空行編撰 — 初版
臺北市：經典雜誌，慈濟傳播人文志業基金會，2019.09
400 面；15×21 公分 —（高僧傳）
ISBN 978-986-98029-2-5（精裝）
1.(明)釋智旭 2. 佛教傳記 3. 淨土宗
226.59 108014247

蕅益智旭——地藏之孤臣

創 辦 人／釋證嚴
發 行 人／王端正
平面媒體總監／王志宏

編 撰 者／釋空行
美 術 指 導／邱宇陞
責 任 編 輯／賴志銘
行 政 編 輯／涂慶鐘
插 畫 繪 者／林國新
校 對 志 工／林旭初
排 版／尚璟設計整合行銷有限公司
出 版 者／經典雜誌
慈濟傳播人文志業基金會
112019 臺北市北投區立德路 2 號
客 服 專 線／（02）28989991
傳 真 專 線／（02）28989993
劃 撥 帳 號／19924552 戶名／經典雜誌
印 製／新豪華製版印刷股份有限公司
經 銷 商／聯合發行股份有限公司
231028 新北市新店區寶橋路 235 巷 6 弄 6 號 2 樓
（02）29178022
出 版 日 期／2019 年 9 月初版一刷
2020 年 12 月初版三刷
定 價／新臺幣 380 元